中国式现代化与
法学教育发展

汪后继　彭诚信　主编

上海人民出版社

目　录
CONTENTS

同心共建中国式现代化，协力续写法学教育新华章

上海交通大学凯原法学院成立 20 周年院庆系列活动

中国式现代化与法学教育发展高峰论坛纪实

法学是上海交通大学最古老的学科之一。1896 年，交通大学前身南洋公学的创办者盛宣怀先生，在《请设学堂片》中提出的办学宗旨便是培养"专课法律、公法、政治、通商之学"的"法政"人才。1901 年，南洋公学邀请蔡元培先生主持特班，"专教中西政治、文学、法律、道德诸学"，开设了宪法、国际公法等课程，成为中国开展近现代法学教育的一脉滥觞。即便是在这短短的时间内，南洋公学也走出了林行规、王世澂、洪允祥、杨荫杭、王宠惠、王建祖、徐谟等一大批在国内和国际上较有影响的法律人，以及黄炎培、邵力子、李叔同等一大批政治与社会活动名人，在那个风云激荡的年代写下了浓墨重彩的一笔。法学这颗古老的种子在交通大学再次萌芽于 1986 年设立的法学教研室。1992 年学校开设涉外经济法本科专业，1996 年成立法律系，2002 年正式成立法学院，由此开启了上海交通大学法学教育的新篇章，到 2022 年，恰好建院 20 周年。

20 年来，上海交通大学凯原法学院的跨越式发展，与全面建设社会主义现代化国家的时代主旋律同频共振，同法治中国建设和法学教育的历史使命休戚与共。国家的稳定发展、社会的兴盛繁荣和法治建设的不断完善，为法学教育提供了生命力与原动力，为法学院校的生根发芽、枝繁叶茂创造了基础、铸牢了根基。法学教育是国民教育体系中的重

要组成部分，也是贯彻依法治国基本方略的重要基础，既是教育问题也是法治问题。在不同的历史时期，法学教育面临着不同的历史使命。在党的二十大报告中，习近平总书记精辟地阐述了中国式现代化的科学内涵、本质要求、重大原则，构建了中国式现代化理论体系。习近平总书记指出，"中国式现代化是人口规模巨大的现代化，是全体人民共同富裕的现代化，是物质文明和精神文明相协调的现代化，是人与自然和谐共生的现代化，是走和平发展道路的现代化"。这一重要概括体现了中国式现代化的中国特色，也体现了人类社会现代化的发展趋势。此外，习近平总书记在党的二十大报告中提出，要"在法治轨道上全面建设社会主义现代化国家"，这一表述给法治建设指明了方向，同时也给法学研究、法学教育提出了新的课题以及新的挑战。在中国式现代化的语境下和范式中，审视中国法学教育现代化的历程，在更高的起点上提出中国式法学教育现代化的目标和标准，是法律人的使命与担当，是法学院校的共同课题。

为此，上海交通大学凯原法学院在成立20周年之际，组织召开了"中国式现代化与法学教育发展高峰论坛"，邀请了国内法学院校的主要领导、资深教授，以及相关部门的负责同志，共话中国式现代化与法学教育发展，以期直面问题、凝聚共识、协力发展。与会嘉宾就促进中国式现代化与法学教育发展进行了深入而热烈的讨论，提出了体系建构和制度设计的思路和方案。本次高峰论坛还开设涉外法治人才培养、法律专业博士培养、学科交叉与数字法学、纪检监察学科建设四个分论坛。与会嘉宾围绕这些议题，分享了各自的见解与看法，为法学教育的发展建设提供了丰富的素材和卓越的智慧。

分论坛一的主题为"涉外法治人才培养"，围绕探索与中国式现代化相匹配的涉外法治人才培养道路展开研讨。参与研讨的嘉宾结合所在学校涉外法治人才培养的经验，从创新模式、开拓视野、创设平台等角度阐述了涉外人才培养的新路径。同时，根据涉外法治人才培养的多样化需求和现实紧迫性，针对培养方案的设计、交叉培养的重要意义以及特色化项目的可行性等提出了具有建设性的意见和建议。分论坛二的主题为"法律专业博士培养"，围绕法律专业博士培养项目的发展方向和存在问题展开研讨。参与研讨的嘉宾从整体视角上剖析了法律专业博士培养的现实意义和高层次人才培养的社会需求，解读了法律专业博士培养制度设计的丰富内涵。同时，也提出了法律专业博士在实践中存在区分度不高、社会认可度低等问题，并从培养方案、培养目标、师资建设、考核方式、毕业要求等角度提出了可供参考的方案。分论坛三的主题为"新文科视域下的交叉学科与数字法学"，围绕交叉学科建设和数字法学的发展机遇和未来挑战展开讨论。参与研讨的嘉宾高度关注发展交叉学科建设的核心内涵和角色定位，指出了交叉学科发展的困境，分享了学科交叉建设的成果和经验，为法学交叉学科建设提供了多样化的范本。此外，与会嘉宾还深入阐释了推进数字法学发展的现实意义，并就如何促进数字法学发展发表了真知灼见。分论坛四的主题为"新时代纪检监察学科建设"，围绕发展和完善中国特色社会主义监督制度为导向的纪检监察学科建设展开深入探讨。参与研讨的嘉宾聚焦于纪检监察学科建设的制度构想和设立意义，深入解析了纪检监察学科的历史背景和现实需求，并从理论储备、学术素养、知识结构等方面详细阐述，强调纪检监察学科建设在中国现代化法治体系建设中的重要地位，并从纪检监察学科的研究方向、课程设置、人才培养等角度探讨了培养模式的细化方案。

在实现中国式现代化的新征程中，在法治中国建设的漫漫前路上，法学教育面临的问题与挑战远远不止"涉外法治人才培养""法律专业博士培养""学科交叉与数字法学"和"纪检监察学科建设"。不同院校的建言献策，充分彰显出中国法学教育积累的宝贵经验，展示了从事法学教育的领导者和参与者具备的卓越知识才能，勾画了法学教育美好的未来愿景。

汪后继

彭诚信

第一编

促进中国式现代化
与法学教育发展

高质量构建涉外法治人才培养新格局，深层次服务中国式现代化新征程

中南财经政法大学副校长　　姚　莉

党的二十大和中央工作会议多次提出要加快培养拔尖创新人才，统筹推进涉外法治工作。这两者高度契合互为促进，涉外法治人才的培养既是新时代国家建设的需求，也是高等教育发展的需求，更是国际社会实践的需求。

习近平总书记就涉外法治人才培养多次发表重要讲话，指出"中国走向世界，以负责任大国参与国际事务，必须善于运用法治"，强调要"加快推进我国法域外适用的法律体系建设，加强涉外法治专业人才培养"。中国要在全球治理变革的进程中，做参与者、推动者和引领者，这离不开政治素质过硬、品德高尚、爱国主义情怀深厚、法学功底扎实、实务操作应变能力强、外语表达流畅且具有多学科、交叉学科知识的高素质涉外法治人才。因此，加快培养高素质法律人才，对于高校而言责任重大、使命光荣。

一、涉外法治人才培养的战略定位

（一）培养涉外法治人才是深刻把握新时代要求、服务中国式现代化的必然之趋

党的二十大指出，"人才是全面建设社会主义现代化国家的基础性、战略性支撑……在全党全国各族人民迈上全面建设社会主义现代化国家新征程、向第二个百年奋斗目标进军的关键时刻……培养一批具有国际视野、通晓国际规则、能够参与国际法律事务和国际竞争的涉外法治人才……着力形成人才国际竞争的比较优势"，

是高等院校深入贯彻落实党的二十大精神的光荣使命，也是建设中国特色社会主义法治体系，建设法治中国，推进中国式现代化的时代之需。在高校全面推进双一流建设和新文科建设的背景下，国家对涉外法治人才的需求，也为高校"全面提高人才自主培养质量，着力造就拔尖创新人才"的公共目标描绘了蓝图、指明了方向。

（二）培养涉外法治人才是弘扬习近平法治思想，进一步提升法治中国世界影响力的必由之路

习近平总书记强调，要"坚持统筹推进国内法治和涉外法治……加快涉外法治工作战略布局，协调推进国内治理和国际治理，更好维护国家主权、安全、发展利益"。涉外法治人才的培养作为统筹国内国际两个大局，协调推进国内治理和国际治理的战略全局中的重要一环，得到了党和国家的高度重视，也是习近平法治思想全局观和世界观的集中体现。国家培养一批通晓国际法律规则、善于处理涉外法律事务的实干型高端涉外法治人才，在全球法治舞台中发出中国声音、提出中国方案、宣扬中国法治优秀传统文化，对于维护国家安全尊严与推进法治中国建设、进一步提高法治中国的世界影响力来说具有不可替代的作用。

（三）培养涉外法治人才是推动全球治理体系变革，构建人类命运共同体的飓风之力

世界百年未有之大变局，全球治理体系正在发生深刻的调整，制度竞争成为核心竞争，错综复杂的国际形势和外部环境以及全面推进中华民族伟大复兴的内生动力都需要中国在国际法和国内法中做出具体的回应。涉外法治人才作为中国法治文明的传承者和法治建设的实践者，应当在全球治理中发挥重要的作用，不断推进全球治理体系变革，以法治思维和法治方式促进我国全球治理的理念转化为各方共识，使人类命运共同体理念为全球治理提供中国方案。这既是党和国家对新时代涉外法治人才提出的迫切要求，也是高校在"双一流"建设背景下，积极响应国家需求，推动涉外法治人才培养的最终目标。

二、涉外法治人才培养的积极探索

面对新形势、新要求，中南财经政法大学作为一所由党创办，建校为党，成长

为国，发展为人民的红色精英大学，始终牢记为党育人、为国育才的使命，以服务国家战略、争创世界一流大学为导向，充分利用学校深度融通的学科优势，开展涉外法治人才培养，形成了独具特色的涉外法治人才培养体系。

（一）坚持和完善党对涉外法治人才培养工作的领导

习近平总书记在 2022 年 4 月召开的政治局会议上指出，"各级党委（党组）要强化主体责任，完善党管人才工作格局，统筹推进人才工作重大举措落地生效，积极为用人主体和人才排忧解难，加强对人才的政治引领和政治吸纳，引导广大人才爱党爱国、敬业奉献、胸怀祖国、服务人民"。学校始终坚持党对人才培养工作的全面领导，建立人才培养工作的领导小组，专题研究涉外人才培养模式，强调涉外法治人才必须坚持德法兼修，深入开展社会主义核心价值观和社会主义法治理念教育，系统推进习近平法治思想进教材、进课堂、进头脑，校领导带头走进课堂，以创新方式宣讲党的二十大精神、习近平新时代中国特色社会主义思想、习近平法治思想，坚定涉外法治人才的政治立场，确保涉外法治人才培养的政治方向。

（二）充实和拓展独具学科优势的涉外法治专业建设内涵

全面系统地培养高端涉外法治人才，政法院校也发挥重要的作用，2021 年、2022 年学校先后入选教育部、司法部首批法律硕士专业学位（涉外律师）研究生培养项目和法律硕士专业学位（国际仲裁）研究生培养项目，随后学校组织国内外专家学者及国内著名的涉外律师围绕如何建设涉外法治专业、如何培养涉外法治人才展开深度研讨和充分论证，结合学校的学科优势，设立了涉外知识产权保护、涉外商贸法律实务、涉外税收法律与实务、涉外仲裁与诉讼 4 个研究方向。

学校通过开设案例课程、全英文课程、融通课程来拓宽学生知识结构，创设校内法律导师加经管导师（经济学、管理学）、实务导师"三导师制"，提高学生的跨学科素养。与国际经济贸易仲裁委员会、国内知名的律所共建实习基地，为学生提供国内律所加国外直营律所的联合实习机会，提升学生涉外的实务能力。

（三）开拓和挖掘国内外优质资源，创新涉外法治人才培养体系

涉外法治人才培养归根结底是中国特色社会主义法治人才培养的组成部分，以全面扎实的中国法学理论知识为基础，熟练掌握涉外法学相关知识，辩证分析法治

发展和运行状况，把握国际仲裁审判的各类程序，高效服务于中国海外贸易，维护中国人民和中国企业的合法权益。涉外法治人才培养中的"外"字是一个立体化的概念，具有国际化的特征，需要通过传统人才培养模式用好国内各类资源，同时引入国外各种优势资源。近几年学校法学专业获科技部、教育部批复设立的新时代科技革命与知识产权学科创新引智基地、司法鉴定技术与社会治理学科创新引智基地等，每年通过基地平台建设，引入近百名世界著名专家来校讲学授课和线上教学授课，拓展了学生的国际视野。

此外，通过国家留学基金委创新型人才合作培养项目和国际组织后备人才培养项目，实现成建制地选派学生去国外高校留学。2021年，学校获教育部首批高层次国际化人才培养创新基地，引入顶端世界高校教师团队教授的全球治理课程，连续开设三期全球治理青年人才精英班，累计培养学生166人，并成功推送多名学生赴联合国开发计划署、国际统一私法学会实习。

2022年，学校在涉外法治人才培养方面，还有两项重要收获，一是国家留学基金委公布的国际组织后备人才培养项目资助名单中，我校全球治理与国际组织法治人才培养项目获批。按此项目规划，学校在3年项目期限内可以选拔18名法学专业硕士研究生到英国、德国和日本等国学习，学生在学习期间到课程结束后到国际组织实习3个月以上。学校以此项目来推动建立国际组织后备人才培养的长效机制，形成连续性、规模化的定向选拔、派出和向国际组织输送的全链条模式。另一项收获就是学校中外合作办学机构中南财经政法大学和罗马一大法与经济学院获教育部批准，目前开设了三个法学相关专业，实现两校多学科交叉融合培养，也推动了两校合作的实质飞跃。

学校通过各个项目引入国外优质资源，同时尝试国内学生＋国际学生融合教学的培养模式，鼓励国内学生和国际学生对国际案例进行研讨分析，从不同内容、不同知识体系以及不同国际视角进行辩论，体会跨文化的交流探索，逐步积累涉外沟通的经验。涉外法治人才培养过程中学校正在形成国内精英＋国外经验的教师团队，正在建设国内授课、国外讲学＋律所实习的培养模式，不断思考探索涉外法治人才培养新模式。涉外法治人才培养的重点在高校，特别在以法为优势学科的大学，中南财经政法大学作为拥有一流法学学科的高校，将不断总结经验，整合资源，创新人才培养机制，培养国家急缺涉外高端法治人才，夯实参与全球治理和国际事务的法治人才基础。

三、对涉外法治人才培养的建议

（一）建设多学科跨文化的国际师资团队

学科建设在人才培养中起关键的作用，整体影响涉外法治人才培养的质量。在涉外法治人才教育培养的探索中，建设一个责任心强、专业能力强、国际资源丰富、沟通交流顺畅的以法学学科为主的多学科交融的法治团队，用于培养共识、分享困惑、交流经验、分享资源、形成合力，打造特色鲜明而有联动的校外法治人才培养的战略支点。通过国家、学校、各类项目和友好国家高校的各类相关专业教师课程的合作，共同探讨涉外法治人才培养模式，完善人才培养体系，形成百花齐放、英才辈出的涉外法治人才培养的国际师资团队。师资队伍除理论交流外，实务培训也至关重要，开展涉外法律服务专题培训是涉外法治建设的重要补充，学校可以邀请知名的法官、仲裁员、律师等从业人员以讲座、报告会和线上课程的多种方式，介绍精准案例，增强涉外法律服务意识和能力，同时也应当鼓励高校教师到涉外实务部门挂职锻炼，提升高校涉外法治人才培养的理论水平和实战能力。

（二）建设复合型涉外法治人才的后备力量

我们进一步加快涉外法治人才培养工作的体制机制建设，一方面要将涉外法治体系的建设与涉外法治人才的培养结合起来，遵循涉外法治学科自身的发展规律，突出学科的交叉性、融合性，不断完善涉外法治人才的培养体系；另一方面要精准聚焦全球治理战略的建设需要，有重点、有针对性地培养应用型的涉外法治人才，充分考虑人才所属的地域类型，明确不同人才的功能定位，使人才能够精准迅速地参与到涉外法治事务之中，为推进全球治理体系变革贡献中国智慧。

（三）健全涉外法治人才创业战线的保障体系

优秀的涉外法治人才需要涵养家国情怀，融通专业知识，精通多国语言，善于跨文化交流。成才源于国家的高度重视、高校的精心培养和个人刻苦努力。对待优秀紧缺特殊的涉外法治人才要有专门性的政策，让有真才实学的法治人才有用武之地。要建立以信任为基础的人才使用机制，鼓励优秀的涉外法治人才，深度参与到我国涉外谈判、跨国诉讼、国际仲裁等涉外法律服务，优化涉外法律人才的表彰奖励机制，加强涉外法治人才培养的政策保障。

从实业救国到全面依法治国

西北政法大学副校长　王　健

中国举办现代法学教育，如果从天津北洋大学堂的创办起算，至今已有将近130年的历史，即使从改革开放恢复和重建法学教育至今，也走过了45年连续不断的发展历史。如果单从时间来看，上海交通大学凯原法学院的建院兴学，荏苒20载，还不能称得上是历史久远，但要把上海交通大学法学放到中国现代化进程来看，那么它的意义，就不仅在于这是上海交通大学有史以来第一次全方位的检阅法科办学成就，更重要的是，上海交通大学最近20年来法学教育事业的发展，可以折射出中国现代化事业从实业救国、教育救国、科学救国到全面依法治国的时代变迁和发展进步。从"饮水思源、不忘初心"的要求来看，情形更是如此。

一、盛宣怀和南洋公学特班、政治班的创办

一项伟大的事业总是跟一位重要人物的名字紧紧联系在一起。说到上海交通大学就不得不提到南洋公学，说到南洋公学就不能不提到盛宣怀。南洋公学是盛宣怀创办的，盛宣怀是出于怎样的考虑来规划和设计这样一所新式的现代教育机构呢？这个问题对于揭示和诠释上海交通大学的法学基因是有意义的。

从时代背景来看，南洋公学的创办发生于洋务运动后期。洋务运动兴起自第二次鸦片战争后国内人民的反抗，发生于中国现代化早期阶段，特征为以器物也就是机械制造和语言文字为重点进行引进和学习。甲午战争之后国事促破，洋务派有识之士牢记深刻经验教训并着眼长远发展探索自强新路、举办新式教育，培养各方面

各领域专门人才越来越成为人们的共识。于是，关注点从夷情转向新学，从新文新艺转变为西艺和西政并重。盛宣怀就是引领时代潮流的一个突出代表。盛宣怀对自洋务运动以来学习的西方经验，进行了深刻的分析和总结，他认为"自强万端，非人莫任，中外臣僚与夫海内识时务之俊杰，莫不以参用西制兴学树人为先务之急"，并建议所取材之士，要在专学英、法语言文字的基础上，专课法律、公法、政治、通商之学，之后再致外洋，历练三年，这样才能培养实务应急之人才。1896年，他从津海关道调任上海铁路总公司督办之后，便立即着手利用"招商、电报两局重商所捐"，损益津学之制，奏准创办了第二个名垂青史的学校，这就是南洋公学。张謇赞其为"中国公学之兴自南洋始"。因为南洋公学是利用商资捐助来办的，所以叫公学。

从中国现代教育发展来看，盛宣怀无疑是一位先行者和开拓者。但北洋和南洋学堂开办之时，中国尚未建立现代学制，正处于中国现代教育史上所谓"无系统的教育时期"。因为这样一个现实条件，在创办之初，南洋公学的结构设计是一种将小学、中学、大学各个学段教育集于一体的全覆盖模式。其架构包括了师范院（培养大学和中学师资）、外院（附属小学）、中院（中学也就是二等学堂）和上院（头等学堂，即高等学院）等"四院"。这个设计与天津的中西学堂的初等、头等学堂设置有类似之处，但已经有了明显改进和完备。1897年4月8日，当师范院的40名学生入上院上课时，此日就成为南洋公学的正式开办日。

南洋公学的上院，也就是头等学堂，成立于1901年。这一年，经庚子之役，清政府颁发了新政谕旨，开始构建新的国家治理体系和治理模式。这一年也是中国向现代社会转型的标志之年，中国社会发展的进程发生了永久的改变。在这个背景下，南洋公学设上院，"视西国专门学校肄习政治、经济、法律诸科"，培养政治人才。当年夏天，因北洋大学学生避乱南来而设置了铁路一班，由王宠惠讲授货币赋税、审计、国际条约等课程。同时，1901年南洋公学监督沈曾植提议，于上院相继设立经济特班和政治班。

按照盛宣怀的想法，设立特班本是"变通原奏速成之意，专教中西政治、文学、法律、道德诸学，以经济特科人才之用"。特班聘蔡元培为总教习，录取学生42人，课程主要包括英文、数学、格致、史地、名学、政治学、经济学还有外交史等，"来学者均为当世绩学，群英聚于一堂，集一时人才之盛"。可见当年特班教学的兴旺景象。同年夏天设立的政治班有中院毕业生十名，所学课程是宪法、国际公法、行政纲要、政治学和经济学等。陈景涛担任教员，但陈旋即赴美国留学。

蔡元培在特班是以书院的方式指导教学，这对今天而言是有借鉴意义的。根据当时特班的学生黄炎培的回忆，开班之后，蔡元培先提供给学生一份选课单，包括哲学、文学、政治、外交、经济和教育等，大约二三十门，让各人选定一门；选好之后，他又给学生开列各门应读主要、次要阅读书目，让学生们向学校的藏书楼借阅，或者自行购买阅读。学生每日要写札记呈缴，蔡元培亲自批改，隔一二日发还，批语则书于本节之眉（书上面的空白之处），佳者则与本节左下加一圈，尤佳者，就是写的特别好的就加两个圈。每月作一篇命题作文，亲自批改，每天晚上招两三名学生到蔡元培的居住之处谈话，或发问或让学生自述读书心得，或谈对时事的感想等。全班42人，每生每隔日得聆听训话一次。学生在蔡元培的教诲中大获启发。黄炎培曾经回忆过他在特班学习的收获感受。他当时选的是外交一门，蔡元培给他开列了"国际公法"和外交文牍一系列书单，并指导他们用"和文"翻译法，从学习日文的翻译当中阅读浅显的日文书。1902年，黄炎培去南京应江参加江南乡试，他和特班的12位同学全部考中。他在谈他的考试结果得益于在特班的训练经历时说：

过去考试人们都叫做八股文，从这年开始改八股策论，开始写应用论述文。许多人都做惯了八股，不会做散文，这一群特班学生散文的锻炼经过了一年半，当然没什么困难。而我个人还有一点沾光的就是，江南乡试的试题是如何收回"治外法权"，而"治外法权"在《万国公法》上说："于驻在国所治之地外，得管辖其民之权"，是限于使馆所在地和使馆人员的。自五口通商，各国在我国开辟租界，把领事裁判权假名"治外法权"，是完全违反《万国公法》的。这些都是我在特班的学习当中掌握了的知识，所以信笔直书，在考试当中占了很大的便宜。

南洋公学的特班自开办到1903年冬解散，前后不到两年，"其中多数特班生卒能在学术上、社会上有贡献者，全恃此后特殊力学之结果耳。惟同学聚散，不无雪泥鸿爪之感"。据蔡元培提供的毕业生资料，查得42名特班学生当中日后从事政治和法律这些工作的主要有王世徵、朱履和、吴宝地和邵力子、彭清鹏和潘承锷等六七人。

二、盛宣怀的办学理念及其政治法律译书主张

盛宣怀创办南洋公学有着明确的指导思想和办学目标。他说要融汇中西政艺，认为在学习科目上要以政治、法律、商税为要，"取成才之士，专学英、法语言文字，专课法律、公法、政治、通商之学"，"窃取国政之义，以行达成之实。于此次钦定专科，实核内政、外交、理财三事"。盛宣怀本着这一办学指导思想，灌注在南洋公学的设学实践当中，这就赋予了南洋公学最初办学章程当中设立的宗旨，"公学所教，以通达中国经史大义，厚植根柢为基础，以西国政治家、日本法部文部为指归，略仿法国国政学堂之意，而工艺、机器制造、矿冶诸学，则于公学内已通算、化、格致诸生中各就质性相近者，令其各认专门，略通门径，即挑出归专门学堂肄习。其在公学始终卒业者，则以专学政治家之学为断"。由此可见，盛宣怀的办学理念还是以培养未来社会的精英和政治领袖为出发点。

盛宣怀在1901年至1902年期间，对翻译西书特别重视，多次上奏折讲翻译西书和强调政治法律这些书籍翻译的重要性，这个也是观察日本"明治维新"之后，"以翻译西书为汲汲"的一个经验。从这个经验当中，盛宣怀提出了翻译东西政学书籍的重要意义，指出当年同文馆翻译的《法国律例》等数量太少，"现在推行新政，举凡学校、科举、军政、财政诸大端，都已明确，所以应参酌中西以议施行，凡有关学校、科举、理财、练兵之政治法律诸书，均待取资，刻不容缓"。他建议，要多多译书，广采分辑，政府应将各省官书局改为译印书局，同时要求政务处电令出使各国大臣，将东西文政学新理有用之书，广为采购。他还具体指出，"论译书，则天算、制造较政治、史学为难；论选书，则政治、史学较天算、制造为难"等等。他还建议政府应当通令出外使臣收集各国的书，然后务必把这些翻译出来的书加以推广，发挥作用。另外，他在南洋公学设置译书院作为专门的翻译机构，还

制定了译书院的四个宗旨纲领，即先章程后议论、审留别而定宗旨、正文字以一耳目、选课本以便教育。

这就是盛宣怀在南洋公学开办教育的实践当中对当时的科学教育文化和对这个领域的认识。

三、从实业教育到政法教育

南洋公学后来的发展，主要是从实业教育、工业教育，逐渐发展到重视和发展包括法学在内的社会科学相关专业。民国时期，按照军政、训政和宪政的发展逻辑和步骤，现代人才的培养和高等教育的发展重心在于实业和工业，所以文法科当时明确表示要限制。清华大学等高校当时未能开办法律系，都与政策上的限制有关。只是到了抗战后期，特别是到了1947年颁行《中华民国宪法》之后，教育当局转而支持国立大学要兴办法学院，而且明确要求法学院不能光有政治学、经济学，必须要有法律学。

中华人民共和国成立之后，中国赓续推进的现代化事业仍以经济建设为主，统筹部署和发展实业实科项目，法学规模被压缩了，不是发展的重点。改革开放以后，特别是进入新的历史方位，法学教育迅速发展。新时代不同于过去时代的一个重大特征就是提出了全面依法治国的口号，要求把国家各方面工作都纳入法治轨道，充分发挥法治在固根本、稳预期、利长远方面的作用。法治梦也成为强国梦不可或缺的重要组成部分。处在这样一个变局和大局的背景之下，上海交通大学紧紧把握住了这个时代机遇，果断地设立法学院来推进法学教育事业发展。我认为，这也实现了南洋公学办学的初衷。

四、西北政法大学与南洋公学和上海交通大学的缘分

南洋公学自1896年创办之后，于1900年设藏书楼，这就是后来交通大学的图书馆，并且大量购入江南制造局的译书。根据2007年专门编纂南洋公学藏书处的目录记载，当时江南制造局印出的图书一共104种、1655册，藏书楼平均副本量是4册。

民国时期南洋公学又两度接受江南制造局（1917 年改兵工厂，隶属于陆军部）的赠书。第一次是在 1925 年，上海交通大学先贤叶恭绰当时是交通总长。在他的协调之下，江南制造局将 191 种书和两份图全部捐赠给南洋公学藏书楼。第二次在 1932 年江南制造局停办时，其把压箱底的一批书全部捐赠给交通大学图书馆。1932 年 11 月，我们国家著名的图书馆学家杜定友亲自接受了这批捐赠，一共是 181 种、735 册书，这也就是交通大学藏书的背景。1956 年交通大学主体西迁，据西安交通大学图书馆的官方统计，92% 的图书随其西迁，江南制造局的这批捐书也在其中。这些书当中都盖有"南洋公学藏书处图证"或"交通部南洋大学图书馆之章"。

　　这些书又是怎么流转到西北政法大学的呢？在西北政法大学 1978 年复校的时候，当年 12 月份西安交通大学图书馆将其中涉及文法、财经、文科这一类的 4 万册书，包括线装和古籍，也就是江南制造局捐赠的这些书，捐赠给西北政法大学。此为当年西安交通大学支持西北政法大学复校捐赠图书的大义之举。

　　这就是南洋公学、上海交通大学和西北政法大学的缘分。

甘肃政法大学涉外法治人才培养模式的理论与实践探索

甘肃政法大学校长　李玉基

涉外法治人才培养的重要性不言而喻。我认为在涉外法治的建设中，应当加强涉外法治人才的培养，尤其要加快完善涉外法治人才培养的学科体系、课程体系、培养体系、保障体系，目标是培养德法兼修的高素质涉外法治人才，为实现中华民族的伟大复兴，为构建人类命运共同体提供坚实的人才保障。

甘肃政法大学在涉外法治人才培养模式的探索方面，重点做了下面三个方面的工作：

一、打好涉外法治人才培养的基础

国家对涉外法治人才培养的要求越来越高，我们充分认识到在涉外法治人才的培养过程中，单纯的法律知识传授已无法满足涉外法治人才培养的要求。法学专业必须从单一的经院式的人才培养模式转向复合型的人才培养模式，建立一个国际化、创新型、复合型的法治人才培养体系，优化涉外法治人才培养方案，创新课程教学模式，提高人才培养质量，全面促进法学学科建设和法学专业建设。

甘肃政法大学地处"一带一路"的重镇兰州，面向中亚国家有针对性地开展涉外法治人才培养，所以，我们的主要思路是培养熟练掌握法学知识、又通晓丝绸之路沿线国家语言及区域知识的复合型人才。

我们认为涉外法治人才培养的核心是创新，因此我们探索形成了"法学＋语言＋区域学"的一体化人才培养模式。

（一）全面解析我国涉外法治人才培养的现状和要求

众所周知，法学教育自恢复以来取得了巨大的成就，但其与国家对涉外法治人才的需求及涉外法治人才的现状之间还有很多的不适应。当今世界正经历百年未有之大变局，我国正以前所未有的广度和深度参与国际竞争和全球治理，我国涉外法治人才培养中存在的短板问题也更加凸显，尤其是现在涉外法治专业人才的数量、质量和层次，都不能满足新时代对于涉外法治建设的实际需求，所以我们必须积极应对。

（二）探索培养适应性较强的涉外法治人才培养模式

结合我国的实际，我们认为加强涉外法治人才培养的谋篇布局主要以培养模式的改革为立足点。现在大家对培养模式还没有形成共识，做法也各不相同。比如像我校，主要是考虑为服务丝绸之路经济带建设培养涉外法治人才，因而提出了一些建设性、针对性的思想，形成了一些有创新性的做法，结合新文科建设，形成双导师制。语言有通用型语言，比如英语；非通用型语言，比如阿拉伯语等小语种。更重要的是还有区域学作为支撑，形成"法学＋语言＋区域学"的复合型高层次人才培养模式。

（三）建立复合型语言培养与训练的课程和师资

培养英语加其他小语种的双语型涉外法治人才，首先要采用双语教材，加强专业英语方面的听说读写训练。结合国际法律实践，以及最新国际法的典型案例，我们编写了体现中国特色和发展需要的全英文的国际法教材，形成了典型案例。同时，我们还安排了大陆法、英美法相关的课程，使学生能够熟悉掌握相关的法律原理和规则，为培养涉外法治人才本领打好语言、学科和专业基础。

其次，我们遴选了一定数量的，具有涉外工作经历，特别是有国际组织工作经验的实务人员和外籍专家担任我们的专业教师，为本科生和研究生授课，取得了明显成效。

最后，根据丝绸之路经济带的经济需求以及国家的实际需要开设第二外语课程，所以语言是甘肃政法大学最主要的工具。

二、甘肃政法大学涉外法治人才培养模式改革的主要思路

经过几年的探索与实践,我校对涉外法治人才培养模式,得出了一个结论,即涉外法治人才的培养既要注重基础性又要注重差异性,兼顾两者的统一。所谓基础性是指在法学专业课程设置方面,涉外法治人才也要掌握扎实的法学基本理论、基础知识和基本技能。在语言教学方面要熟练掌握英文这一语言,能够用法律英语分析问题、解决问题,还要掌握小语种。所谓差异性指的是各高校可以结合自身的学科优势和地缘特征,无论是在法学专业课程设置方面,还是在语言教学方面都应当因地制宜、因校制宜、因时制宜、因势制宜。

众所周知,甘肃政法大学位于西北地区,处于"一带一路"向西发展的核心区,所以我们学校的涉外法治人才培养,除了开设全面的法学基础课程外,还重视差异性。在法学课程的设置方面,我们专门设置了有关中亚地区、大陆法系国家的一些法律制度等课程。在语言教学方面涉及俄语、阿拉伯语言等这样一些课程,这是我们的差异性。具体而言,我校涉外法治人才培养模式改革的措施有以下几个方面:

(一)创新法治人才培养模式

依托"一带一路"高校战略联盟,以及丝绸之路沿线国家法治合作研究中心等高层次国际合作平台,将服务丝绸之路经济带建设的复合型法治人才理念贯穿于培养全过程,并内化于法学学科建设、专业建设、课程建设、师资队伍建设,着力整合相关资源,形成中外联合、本硕一体的人才培养模式。

(二)创新人才培养方案

我们研究制定涉外法治人才的"法学+语言+区域学"的培养方案。此培养方案特别注重对涉外法治相关国家的历史、文化、宗教、风俗的研究和讲授。

(三)优化课程体系

我们建立了丝绸之路经济带区域型模块化的课程体系,在原有课程体系的基础上进行课程优化整合,形成语言技能课程模块、区域学课程模块和法学类课程模块等三大模块化的课程体系。语言类课程和区域学类课程既相对独立,又互成体系、

相互促进，共同为具有语言能力、跨文化交际能力、国际合作能力、丝绸之路建设能力的法治人才培养目标服务。

（四）加强师资队伍建设

着力打造国际化"法学＋语言＋区域学"的法治人才培养的师资队伍，重点依托于一流学科、特色专业、重点学科建设国际化的师资队伍，我们着力聘请外籍教师，这些外籍教师以俄语、阿拉伯语、哈萨克语、英语为主；强化教师海外留学的背景，特别重视有俄罗斯、白俄罗斯，以及中亚、西亚国家教育背景的师资队伍建设；重视师资队伍的梯队建设，培养形成一支理论水平高、实践能力强、具有国际化视野和国际化思维的师资队伍。

（五）建立实践教学体系，提高服务丝绸之路经济带建设的能力

我们将深化实践教学内涵，将实践贯穿教学全过程，扩大实践教学的空间，系统整合课内课外、校内校外、国内国外诸多方面的优质资源，提出符合甘肃实际、符合西部地区高校实际的教学平台。

三、涉外法治人才培养模式改革创新点

（一）理论创新

我校提出了"服务丝绸之路经济带建设，构建'法学＋语言＋区域学'复合型法治人才"的培养理念，总结了一整套服务国家战略的涉外法治人才培养方法，构建了新型的复合型涉外法治人才的培养模式，建立了相应的课程体系。充分依托原有法学专业教学和国际化办学的传统优势，我校明确提出了服务丝绸之路经济带建设在国际化复合型、应用型法治人才培养方面的全新理念，凝练一整套涉外法治人才培养的理论体系，清晰地描述了涉外法治人才培养体系建立的组成要素，以学校与国外高校高端合作平台为依托，构建服务丝绸之路经济带建设本硕一体化涉外法治人才培养的模式，从人才培养的理念、人才培养的方式、人才培养的方案、课程体系、师资队伍、实验教学平台等多个方面全方位构建涉外法治人才的培养理论。

（二）实践创新

我校形成了符合服务丝绸之路经济带建设的涉外法治人才的培养模式和独立完

整的实践教学体系，更新了法治人才的培养方案，凝练了课程群的建设，与丝绸之路经济带沿线部分国家共同打造高端合作平台，比如我们与哈萨克斯坦、俄罗斯还有吉尔吉斯斯坦这些国家建立了国际化的师资队伍培养机制。此外，我校还翻译、编写和出版了西亚国家社会与文化系列方面的丛书，将陆续推出丝绸之路经济带国家区域法治概况的系列教材。在服务丝绸之路经济带建设所需法治人才的理论指导下，依托学校的省级一流学科、特色学科、重点优势和国际化办学优势，我校与中西亚的 10 多所高校签署了战略合作协议，拓宽国际合作的渠道，形成了丝绸之路经济带建设国内外一体化培养的实践教学体系，不断创新实践教学模式、丰富实践教学手段，为校涉外法治人才的培养探索了一条符合西部高校特点的路子。

法学期刊在法学自主知识体系建构中的行动空间

上海市法学会党组副书记、专职副会长　施伟东

党的二十大报告提出了中国式现代化的时代命题。我个人觉得，这既是马克思主义中国化、时代化的最新成果，也是马克思主义中国化、时代化的未来目标，坚持和发展马克思主义，确实必须同中国具体实际相结合、同中华优秀传统文化相结合。上海交通大学是一所百年名校，校训是"饮水思源，爱国荣校"。众所周知，近日上海交通大学的师生都在痛别敬爱的江泽民学长，在敬爱的江学长身上就很好地体现了上海交通大学的校训：饮水思源，爱国荣校，体现了我们中华优秀传统文化的精神力量。

《东方法学》这些年来，在包括上海交通大学在内的各相关高校的支持下，取得了一些进步。我们初步统计了一下，如果从法学院专职教师的数量而言，上海交通大学凯原法学院在《东方法学》的发稿比例是最高的。我们感谢上海交通大学，特别是《东方法学》各位作者对于我们办刊工作的支持，也感谢其他各校给予我们诸多支持。

希望在中国式现代化与法学教育发展的过程中，向各高校和研究机构表达《东方法学》合作的善意，希望能跟各高校进一步展开合作，推动法学教育和法学研究的新发展，推动中国式现代化的法治建设。这里，我简要表达三层意思。

一、《东方法学》全力支持法学教育、法学研究的新发展

我们认为法学核心期刊，它其实是作为法治建设的基础设施存在的。高质量的

法学教育和法学研究在一定程度上可以决定法治建设能够到达的高度，而其中的关键是法学自主知识体系的建构。新时代新征程上法学教育的新发展，应当基于整个法治建设的全要素生态营造，亦即法治建设涉及的立法、执法、司法、普法各环节都应当成为有机联系的生态，成为法学教育、法学研究服务保障的重要面向，法学期刊的行动空间就是在整个生态中有效连接理论和实践，成为支持这个生态良性发展的基础性的存在。因此，一定程度上，我们可以将法学期刊理解为法治建设的基础设施。

法学期刊可以组织推动为前沿知识生产服务的活动，策划一些更有学术价值的前沿话题来推动法学研究，并进一步推动相关学术研究成果有效转化为先进制度成果来服务法治进步。比如，这两年《东方法学》基于其优秀作者团队，积极投入先进制度生产，先后主力参与了《上海市数据条例》《上海市促进人工智能产业发展条例》的地方立法工作，参与上海数据交易所的交易相关制度规则、标准的研制。这些都只是因为我们此前做了智慧法治专项下的学术组织、学术推动、学术发表等工作，所以《东方法学》有这么一批优秀的作者，我们又连接作者参与这样的高价值工作。这些优秀作者来自不同的院校，也有来自法治实务部门，有较充分的代表性可以表证中国法学教育的新进步。

二、关注中国式现代化驱动的法学自主知识体系建构新面向

一是面向可以为超大规模治理提供体系化制度供给的能力养成。法学教育、法学研究一定程度上是法治进步的基础和源头，没有高质量的法学教育和法学研究，后续的法治建设就会缺乏可靠人才支撑。中国式现代化之所以是中国式，最大的区别应该是其治理的超大规模性。通常所谓的小而美的制度，可能无法满足基于超大规模治理的制度供给需求，简单的外部制度移植往往行不通，需要我们有体系化的专门研究，这就特别需要高校的法学教育、法学研究来打通和支撑，投入资源做这方面的研究，更好为超大规模治理提供体系化的制度供给。

二是面向促进超大规模高质量发展的制度设计。中国式现代化提出了全体人民共同富裕的历史命题，按照全体人民共同富裕的经济体量，现有的工业生产、服务

业发展恐怕还很难完全实现全体人民的共同富裕，所以我们的星辰大海可能就是数字经济。这些年大家也看到，基于中国的海量数据和丰富应用场景，数字经济在某些细分领域已经可以取得全球领先的位置。所以，我认为发展数字经济、建设统一大市场，包括推出数字人民币，开启金融科技新时代，未来如何更好地推动全体人民的共同富裕，当然也包括财富、社会利益的合理分配，这些都需要高质量的法律制度的设计和安排，都是我们可以研究的重要方向。

三是面向可以为社会主义核心价值观成为全体社会成员的行动准则而提供的有效驱动。社会主义核心价值观要入法，能全面指导立法、执法、司法和普法实践。但是如何提高全社会文明程度，法律通常只是提供了一个可依据的最低标准。如何进一步发挥法律的教化作用，教导社会成员一心向善、不得为恶，这些都需要基于深入的研究才能找到最可行的路径，以及一些有效的实施效果。

四是面向人与自然和谐共生的环境法治。这方面已经有一些研究，我国近一个时期以来也参与和举办了很多重要的国际会议，基于共同但有区别的责任，中国很好地做出大国表率，加强环境法治建设和生态文明实践，在全球环境的保护、相关公约的履行上展开了切实行动。有学者提出参考《民法典》的成功经验，编制《环境法典》的条件比较成熟，这方面应该也有很多高价值研究可以开展。

五是面向全球和平发展可持续运行的制度安排。现行国际法的制度大部分都是"二战"之后美国牵头制定，但现在它自己制定自己破坏，正在陷入逻辑不自洽的困境中。作为负责任的大国，中国在推动全球治理的各个方面，越来越多地成为特别值得期待的一方。我们可以通过共同努力获得号召力、获得影响力、获得执行力，推动形成更多有利于和平发展的全球规则及其制度设计。涉外法治是中国法学法律人的职责使命所在，我们不仅是全球规则的执行者，也可以是全球规则重要的制度生产者。期待专家学者能产出更多高水平的代表性作品。

三、考量基于全人类共同价值的人类命运共同体建设

党的二十大报告明确提出了全人类共同价值，我们有了引领人类命运共同体建设的核心价值理念：和平、发展、公平、正义、民主、自由，从而可以跳出所谓普

遍价值的讨论。我们主张全人类的共同价值。但是，这些都需要哲学社会科学的学科体系、学术体系、话语体系建设的全面跟进，使得我们的理论能够自洽，世人愿意相信。这个可能又有赖于高品质的法学教育和研究，也是专家学者可以充分考虑的努力方向。

个人认为，考察人类文明相关的概念要有大历史观，放到一个相对长的时间维度里去考量，中华法系不仅是一个法史概念，也可以是一个法理命题，而且可以基于有想象力的研究进行再定义。我们可以大胆假设，以中国式现代化实现中华民族的伟大复兴，在法学法律领域或可实现中华法系的伟大复兴。

涉外法治人才培养

上海政法学院校长　刘晓红

中国式现代化与法学教育发展的问题是贯彻落实党的二十大精神和习近平法治思想的重要体现。

中国式现代化建设的推进，离不开对涉外领域工作的关注，这里也包括对涉外法治人才的培养。党的十八大以来，中央高度重视涉外法治工作，并把涉外法治纳入全面依法治国的总体布局中。统筹推进国内法治和涉外法治，也成为习近平法治思想的一个重要组成部分。在推进涉外法治过程中，涉外法治人才的培养是至关重要的，高校作为法治人才培养的第一阵地，在涉外法治人才培养上肩负重要使命。近年来，各高校不断探索，多措并举，积极推动涉外法治人才培养体系的构建。

党的二十大开辟了中国式现代化建设的新时代，对涉外法治人才的培养也提出了许多新的要求，下面我想就加强新时代的涉外法治人才培养谈几点认识和体会。

一、涉外法治人才培养的时代需求

党的十八大以来，以习近平同志为核心的党中央审时度势，提出了当今世界正经历百年未有之大变局的重要论断。从近年国际局势的变化来看，国际秩序阶段性的挑战也印证这一论断的正确性。

首先是逆全球化风潮再起，导致国际规则体系面临重构，伴随着全球经济增长的乏力，以美国为代表的国家贸易保护主义不断抬头，尤其是新冠疫情暴发以来，全球的供应链开始出现断裂，国际经贸以及规则再度遭受巨大挑战。

其次是国际力量对比的深刻变化促使世界中心逐渐东移，以美国为代表的发达经济体兴起了针对以中国为代表的新兴国家的对抗，并且频繁通过经济制裁、长臂管辖来破坏国际规则，威胁甚至侵犯他国的核心利益。

最后是随着信息技术的发展，新技术领域的规则主导权和技术实力的博弈，它也关系到一国对于未来世界的影响力，这也成为涉外法治领域的重要内容。

习近平总书记指出，"全球治理体系正处于调整变革的关键时期，我们要积极参与国际规则制定，做全球治理变革进程的参与者、推动者、引领者"。随着我国进一步的扩大开放，"一带一路"倡议深入推进，我国日益走向世界舞台的中央，参与组织甚至引领国际事务越来越多，对于高素质法治人才的需求日益迫切。涉外法治人才是推进"一带一路"国际经济新秩序重构、引领国际治理体系变革的一个关键力量，加快涉外法治人才培养是新时代赋予高校的重要使命，也是高校服务国家战略的必然要求。

二、涉外法治人才培养面临的现实困境

尽管近年来国家高度重视涉外法治人才的培养，但是从历史发展的角度来看，我们在这个领域的人才培养仍然存在着亟须解决的问题。总体而言，可以归纳为以下几个方面。

（一）涉外法治人才培养总量不足

且不论够在国际上维护国家利益的涉外法务人员的数量，仅从国际组织人员任职情况来看，总量不足的情况即可见一斑。以联合国系统雇员为例，根据联合国预算的报告，中国在 2022—2024 年将承担的联合国的会费约为 4.38 亿美元，占整个总量的 15.25%，仅次于美国的 6.93 亿美元，占比 22%。排名第三的是日本，其承担的会费是 2.3 亿美元，占比 8%。

事实上联合国会员国每年上缴的几十亿美元的会费支出，相当一部分是联合国职员的工资，占联合国总支出的近六成，但是根据官方的数据，截至 2021 年年底，联合国在全世界的全职雇员多达 57863 人，其中美国在联合国的雇员有 5464

人，占比 9.41%，位居第一。其次法国是 4000 多人，占比超过 7%。还有一个是出乎我们意料的，那就是非洲的国家肯尼亚排在第三，联合国的雇员有 3660 人，占到 6%。作为世界第一人口大国、世界第二经济体，同时也是联合国安理会的常任理事国、联合国会费第二缴纳国，我们中国在联合国的雇员只有 1336 人，仅仅占到了 2.31%，这个比例远低于其他国家的比例，其中在国际组织中当掌门人的人数就更少了，大概只有四位，一位是世界卫生组织 WHO 的总干事陈冯富珍，她是香港人，还有联合国工业发展组织总干事李勇、国际电信联盟的秘书长赵厚麟，还有法律人比较熟悉的国际民航组织秘书长柳芳，是武汉大学国际法毕业的。这个现象应该引起我们的重视。

（二）涉外法治人才培养实践能力不强

作为应用性、职业化倾向显著的人才类型，涉外法治人才实践能力应该是至关重要的，但是由于深受成文法系国家法学教育理论的影响，我国的法学教育中理论和实践的联系还是不够密切，教学上还缺乏对于英美法的关注，导致毕业以后从事涉外律师或者是国际仲裁领域的法科学生，面对复杂的英美法判例体系时常常会感到力不从心。

（三）涉外法治人才培养体系层次不清

对于涉外法治人才培养而言，不少高校只在本科阶段制定专门的涉外法治人才培养方案，但是仅仅经过这四年法学本科的基础教育，很难使学生真正成为高水平的法治人才。像中国政法大学、华东政法大学和上海交通大学这些老牌大学，可以通过本硕连读实行一贯制培养，但是像一些没有免试直升资格的高校，并不一定都能招收到经过法学本科阶段专项培养、立志于涉外法治事业的优秀法科学子。相当多的经过专项培养的法学本科毕业生在进入社会之后，尽管从事具体法律实践的不在少数，但其中大多数由于学历的限制等因素，后来也没有继续从事涉外法治工作，以致四年专项培养付诸东流，所以涉外法治人才短缺的困境仍没有得到有效的改善。

三、涉外法治人才培养的战略布局

习近平总书记指出，"全面依法治国是一个系统工程，必须统筹兼顾、把握重点、整体谋划，更加注重系统性、整体性、协同性"。涉外法治人才培养其实也是系统工程，需要加强顶层设计，在规划引导、政策支持、目标培养以及培养体系、学科支撑、队伍建设、保障体系这些方面一体考虑，构成相互衔接、相互促进的有机整体，持续有力地推进。

为了贯彻落实习近平法治思想和党中央的决策部署，国家层面相继出台了加快涉外法治人才培养的一系列改革举措。2021年3月，教育部出台了《关于加快高校涉外法治人才培养的实施意见》，从国家层面对涉外法治人才培养进行整体布局。此后教育部、司法部又先后推出法律硕士专业学位（涉外律师）研究生培养项目和（国际仲裁）研究生培养项目，在全国范围内遴选一批高校开展涉外法治人才培养模式创新。上海作为对外开放的前沿阵地，也在加快涉外法治人才培养的优化布局，2022年9月，上海市教委启动了上海高校涉外法治人才培养基地申报工作，希望能够充分发挥上海的区位优势和资源优势，在上海高校建设若干个涉外法治人才培养基地，着力打造国家级涉外法治人才培养示范区。这些措施有利于全面贯彻落实党中央关于加强涉外法治工作的决策部署，从全局上加强各种力量和资源的整合，形成涉外法治人才培养的整体合力，提高涉外法治人才培养的质量。

四、涉外法治人才培养的目标要求

十八届四中全会通过的《中共中央关于全面推进依法治国若干重大问题的决定》提出，"建设通晓国际法律规则，善于处理涉外法律事务的涉外法治人才队伍"。国家所需要的涉外法治人才指的是具有国际视野、通晓国际规则、善于处理国际事务和维护国家利益的法治人才。显然涉外法治人才是一种需要有外语、国际关系、国际政治和法律等领域交叉融合的复合型法治人才。

因此，在培养目标上要突出复合型、应用型、国际化，着力培养德法兼修、坚持中国立场和全球视野，具有跨文化沟通能力和熟悉国际国内法律规则的涉外法治人才，确立涉外法治人才培养目标，应该重点把握好几对关系。

首先是德与法的关系，既要坚持德法兼修、坚持坚定的理想信念，又要有明法笃行的法治信仰，坚持法治精神，遵从宪法和法律。

其次是要处理好国内和国际的关系，既要坚持中国立场，胸怀"国之大者"，又要坚持全球视野，具有世界眼光。

再次是法律和外语的关系，既要精通国内法、国际法，同时又要熟练掌握一门或者数门外语，提高学生跨文化的沟通能力。

最后是理论和实践的关系，既要注重法律知识的系统传授，建构法律知识体系，同时又要强调涉外法律事务的训练，提高学生的涉外法律的应用能力。

五、涉外法治人才培养的模式创新

基于上述的目标，涉外法治人才培养需要整合各种力量来构建内外贯通、多方协同的人才培养模式。

一是要坚持知识教学和实践教学的相互衔接。课内实践教学应注重知识传授与应用导向的结合，优化课程设置，实行国际法、国内法并重，突出知识性、基础性、实用性、应用性，而课外的实践教学则需要重点提升实践能力，加强实践教学基地建设，开展涉外法治实习岗位锻炼，突出创造性、探索性和研究性。

二是坚持法学院校和法治实务部门的相互协同。打破法学院校和社会之间的体制壁垒，构建法学院校和法治实务部门的联合培养机制，聘请涉外法治实务部门专家全面参与学校人才培养，把涉外法治实践最新的经验、生动案例带进课堂。

三是坚持法学院校和外语院校的相互合作。推进法学院和外语学院跨学院的联合培养模式，突出法律英语、法律俄语和法律法语等"法律＋外语"的训练，熟练掌握一门或数门法律外语。刚才提到的联合国雇员当中中国人数少，我也注意到联合国中其他几个大国，包括像俄罗斯、日本，其雇员也非常少，跟中国人数不相上下，分析了一下其中可能也跟语言有关系。所以我们需要提升涉外法治人才的语言能力，提升国际传播力、交往力和国际法治建设能力。

四是坚持境内培养和境外培养相互结合。积极拓展与国际水平大学的合作渠道，推进教师互派、学生互换、课程互通、学分互认等实质性的合作。同时，还要特别加强与国际组织的合作，为学生到国际组织实习实践创造更好的条件，让学生熟悉国际组织的运行机制，提升处理国际事务和对外沟通交流的能力。

党的二十大报告指出，"人才是第一资源，创新是第一动力"。当今世界正经历百年未有之大变局，我国正在以前所未有的广度和深度参与国际竞争和全球治理，因此我们要加强涉外法治人才培养的谋篇布局，坚持目标导向和需求导向，以创新推动人才培养模式变革，加快完善涉外法治人才培养体系，努力培养一大批德才兼备的高素质法治人才，为实现中华民族伟大复兴的中国梦、构建人类命运共同体提供坚实的人才保障。

以习近平法治思想，引领涉外法治教育变革

华东政法大学副校长　韩　强

百年变局叠加世纪疫情，世界正进入动荡变革的时期。当前国际政治经济格局复杂多变，法律维护国家核心利益和重大利益，参与国际治理、争取国际制度性的话语权方面发挥的作用越来越突出。涉外法治教育是培育涉外法治人才的基础性工程，是中国特色社会主义法学必须回答的时代课题，也是我们法学教育工作者服务国之大者的重要使命。长期以来，我国法学教育侧重培养国内法治人才。在新的形势下，在新时代新征程这样一个大背景下，对于适应涉外法治人才的培养又提出很多迫切的需求，我认为亟须在习近平法治思想引领下，加快推进涉外法治教育变革，加快培养一流高素质的涉外法治人才。

一、国家的事业发展亟须高素质涉外法治人才

20世纪80年代，国际风云际会，邓小平同志提出和平与发展是当今世界的主题论断。在相对平稳的国际环境下，我国紧紧抓住改革和发展的历史性机遇，实现了经济发展和社会稳定两大奇迹，综合国力大幅度跃升，中华民族伟大复兴进入不可逆转的历史进程。不过，伴随我国国力的持续增长，以及国际力量对比的深刻调整，我国发展所面临的外部环境日益严峻复杂，基于规则的国际秩序和基于实力的国际秩序相互交织，地缘政治紧张问题日益突出，大国战略竞争不断深入，法律在国家间合作竞争和斗争中的作用越来越显著。面对百年未有之大变局，习近平总书记高屋建瓴，在多个场合反复强调涉外法治建设的重要性。

2019 年 2 月，习近平总书记在中央全面依法治国委员会第二次会议上强调，要"加强涉外法治建设，为推进改革发展稳定工作营造良好法治环境"。2020 年 11 月，习近平总书记在首次召开的中央全面依法治国工作会议上明确提出，要"坚持统筹国内法治和涉外法治……加快涉外法治工作战略布局，协调推进国内法治和国际治理，更好维护国家主权、安全、发展利益……强化法治思维，运用法治方式，有效应对挑战，防范风险，综合利用立法、执法、司法等手段开展斗争，坚决维护国家主权、尊严和核心利益……推动全球治理变革……构建人类命运共同体"。2021 年 12 月，习近平总书记在中央政治局第 35 次集体学习时又强调，要"坚持统筹推进国内法治和涉外法治，加强涉外领域立法，推动我国法域外适用的法律体系建设"。2022 年 2 月，习近平总书记在《求是》发表重要文章，进一步指出要"坚持统筹推进国内法治和涉外法治，按照'急用先行'的原则，加强涉外领域立法，进一步完善反制裁、反干涉、反制'长臂管辖'的法律法规，推动我国法域外适用的法律体系建设"。

以上都是习近平总书记对涉外法治，以及涉外法治人才工作重要的思想体会。可以说涉外法治人才的培养是开展涉外法治工作的必要条件。2021 年 2 月，习近平总书记在《求是》上的文章明确指出，"要引导企业、公民在走出去的过程中更加自觉地遵守当地法律法规和风俗习惯，运用法治和规则维护自身合法权益，要注重培育一批国际一流的仲裁机构、律师事务所，把涉外法治保障和服务工作做得更有成效"。总之，党和国家事业的发展，急切需要培养大批高素质法治人才。

二、我国现有的涉外法治教育无法满足现实需要

长期以来，我国法学教育以培养国内法治人才为重点，在涉外法治人才培养方面有很多经验，也作出了不小的成绩，但应该说，还存在很多不足，不能够完全满足时代和社会发展的需要。

（一）以部门法为主的知识框架，无法适应涉外法治工作综合性的要求

我国传统法学教育基本以部门法为框架来构建知识体系，缺乏综合性、应用性的设计。涉外法治工作具有极强的综合性特点，仅靠一两门部门法的支持是难以胜

任的。涉外法治工作对于战略思维、系统思维和综合技能的要求都比较高，从业者不仅要精通各个领域的法律法规，还要具备政治、军事、外交、国际关系、历史文化等综合性知识。

（二）以国内法为主的传统法学知识体系，无法培养通晓国际法和外国法的涉外法治人才

我国法学教育长期以来以传授国内法知识为主，国际法、外国法课程在整个课程体系中占的比重是比较少的，与涉外法治工作相关的其他学科的课程更加欠缺。目前国内法学院只有少数高校能够胜任培养涉外法治专业人才的需要，培养的力量、培养的体系与实际需求严重不匹配。

（三）以理论演绎为主的教学方式，无法满足涉外法治工作的实践性要求

我国法学教育主要借鉴大陆法系的教学经验，长期以来，以课堂讲授、理论演绎为主要教学方式，虽然也有一定的实践课的安排，但是总体比例不高，效果也比较有限。涉外法治工作是实践性很强的工作，学生在校期间，如果没有接受必要的实践、实训的训练，很难获得涉外法治工作的实务工作的机会，也难以满足涉外法治工作的需要。

（四）以中文为主的教学语言，无法满足涉外法治工作对外语能力的要求

涉外法治工作对于外语能力要求很高，无论是加入各大国际组织还是从事涉外法律服务，都将处于多元化的语言环境，一流的涉外法治从业人员不仅要熟练地运用英语，往往还要掌握第二外语。

三、以习近平法治思想引领构建中国特色涉外法治人才的培养体系

（一）加强价值引领，着重培养学生的使命感和责任感

涉外法治工作的重要任务就是以法律武器有效维护国家利益，在涉外法治人才培养过程中，应当着力塑造学生坚定的政治立场和深厚的家国情怀。要以习近平法治思想武装头脑，让学生在接受涉外法治教育之初，就牢固地树立运用法律武器有效维护国家利益、有效引领参与国际交流合作的使命感和责任感。

（二）整合学科课程资源，打造适应涉外法治工作的课程体系

涉外法治课程体系需要突破原有法学人才培养方案的藩篱，针对本科阶段和研究生阶段法学教育的特点，制定全新的人才培养法，突出课程体系的复合性、多元性、针对性，加大国际法、国别法、比较法、国际政治等课程的比例，聚焦涉外法治工作重点领域，开设知识产权、国际金融、国际贸易、国家安全等跨学科的课程。

（三）优化实践课的设计，提升学生从事涉外法治工作的基本技能

在涉外法治人才培养的过程中，要加大实习实训课程的比重，改革实习实训的教学模式，灵活运用模拟法庭、模拟仲裁等教学形式，积极开拓校外资源。涉外法治人才培养单位应当积极地与实务部门和国际组织合作，建立实习实训基地。

（四）强化外语的教育和教学，提升学生多语种的运用能力和跨文化交流能力

涉外法治人才培养过程中，要与外语专业的学院、大学或者培训机构合作，加大对学生外语能力的训练力度，力争每一名学生都能熟练掌握一到两门的外语，同时兼顾一些小语种需求，着力培养学生对海外文化的了解，提升学生的跨文化沟通和交流能力。尤为重要的是，要将外语能力和跨文化能力融入涉外法治工作中，积极地宣传和推广中国特色社会主义法治的优秀成果，参与国际规则制定，塑造国际新秩序。

（五）建设一支德才兼备、专兼结合的涉外法治教师队伍

当前，国内各大学的法学院以国内法师资为主，无法满足涉外法治人才培养的需求，有必要改革教师遴选考核晋升的模式，建立具有吸引力的薪酬和保障体系，广泛吸引校内外、海内外优秀师资，特别注重吸收具有丰富涉外实践经验的实务专家加盟涉外法治教师队伍，加大选聘力度，出台特色政策，加强国际化的师资队伍建设，建立常态化、多元化的外籍教师队伍，建立外籍专家特需岗位的聘任制度，建立涉外法治师资力量晋升的特殊路径，留住人才、用好人才，给涉外法治教师发展更多的空间。同时，还要重视选定实务型的师资，建立机制，注重从外交机构、国际组织、跨国公司、国际律师事务所延揽经验丰富的一线人员或退休人员参与到涉外法治人才培养中。

中国式现代化与法学教育的发展

中国人民大学副校长　　王　轶

法学教育核心的主体是教师和学生，法学教育核心的内容是"教师教什么，学生学什么"。

我就从学生学什么的角度，对法学教育的相关问题展开相应的梳理和分析。我记得我在吉林大学法学院攻读硕士学位的时候，估计诚信院长当时也听过邱本教授开设的经济法原理课，邱本教授在开设经济法原理课的过程中，有一段话我在很多场合都引用过，主要是关于"学生学什么"所做的论述。我记得当时邱本教授提到一个人在小学阶段主要学习的是公理，中学阶段学习的是真理，大学阶段以后学习的是道理。我们知道公理、真理和道理，这三个理之间存在非常明显的差异。

公理是几乎所有人都接受的道理，所以对于公理来讲，我们很难从不同于公理的角度出发，对公理提出质疑和挑战，因为它是所有人，或者几乎所有人都接受的道理。

对于真理来讲，跟公理有所不同，有一句话讲得很形象，有的时候真理掌握在少数人手里面，那就意味着真理并不是几乎为所有人所掌握的道理，所以真理是有可能被提出质疑和挑战的。

那道理就更不一样了，用中国都熟悉的一句老话，公说公有理、婆说婆有理，每个人都有自己的道理。从这个意义来讲，人在不同的阶段学习的内容存在明显差异。对于法学教育来讲，究竟学生学什么，我想借用邱本教授对于"人在不同的学习阶段学什么"的分析框架。我们可以针对一个人在本科阶段、硕士研究生阶段、博士研究生阶段分别接受法学教育时，究竟要学什么，要实现什么样的学习目标、培养目标，展开进一步的梳理和分析。

本学期我在给人民大学法学院本科的新生讲授民法总论课的过程中，与教研室的其他同事共同达成了一个在我看来非常重要的共识，即对于本科的学生来说，大概最为重要的学习内容就是知识体系，要通过本科阶段的学习，让我们的学生对法学的知识体系能够有全面准确的掌握，而且能够运用自己所学的法学知识，来解决社会实际中的法律问题，也就是掌握法学知识体系，并运用法学知识体系解决实际问题。

知识体系是在法学的学术体系中，人们所形成的共同的认识和看法。法学学术体系中共识性的认识和看法沉淀下来，构成法学的知识体系，所以在给法学本科的学生进行授课的过程中，要着重讲共识性。例如，我在介绍民事法律行为类型区分的时候，谈到学界关于负担行为和处分行为区分的争论时，我们需要告诉学生共识性是什么，我们的立法机关、司法机关、学术界的共识是什么。当然也要告诉学生们，法学知识也存在知识的多种可能性，这样避免同学们产生自己学习的特定知识结论就是属于真理，甚至是属于公理的误解。在讲述案例分析方法的时候，我们也会跟同学们讲，有法律关系分析法和请求权基础分析法，没有哪一种方法是定于一尊的案例分析方法。所以，对于本科的学生来讲，掌握法学的知识体系、运用法学知识体系解决社会实际问题，这方面能力的培养大概是最为核心的学习和培养内容。

对于硕士研究生来说会存在明显差异，比如对法学专业的硕士研究生来说，恐怕不能局限于对法学的知识体系进行全面和准确的把握，而应当在把握自己所在专业领域的法学学术体系的同时，进一步提升运用所学的内容解决和应对实际法律问题的能力。对于法律硕士研究生来说，我们的培养目标是应用型高级法律人才，一方面要对法学学术体系有全面和准确的把握，另一方面要更加注重培养他们解决实际问题的能力。而对于法学硕士来讲，除了有运用所学的内容解决社会实际问题的能力，还应当具备对学术体系进行创新和发展的潜力，这是硕士研究生阶段。

对于博士研究生来说，众所周知博士学位论文答辩的时候通常会提出"对自己所研究的对象作出了什么独创性贡献"的问题。那就意味着博士研究生的培养目标不仅是全面准确地掌握法学学术体系，还要为自己所在专业领域学术体系的发展和创新作出自己的一份贡献。一定意义上来讲，针对博士学位论文写作的一个重要的评价标准就是其是否推动某一问题、某一领域学术的创新和发展。

如果对学生学什么，培养学生哪些方面的能力能够达成共识的话，我们就可能对于法学教育不同阶段的使命和任务达成的基础和条件有更为充分的把握和建设。这样我们适应中国式现代化建设的需要，推动法学教育的发展，就能够成为现实。

中国法学自主知识体系构建的几个关键问题

沈阳师范大学校长　杨　松

我跟大家分享的主题是关于中国法学自主知识体系建构的几个关键问题。

一、中国法学知识体系的内涵

现代知识体系，伴随着哲学社会科学在中国经历 100 多年的发展，其中有两条主线：第一条是方法论意义上的主线，第二条是哲学社会科学的理论发展主线。在学术体系进程中形成了思想体系，形成具有一定中国符号特征的现代知识体系。法学相对晚进，也是沿着这样一个脉络来延展铺成。法学知识体系有自己的知识特征和类型，它来源于经验、来源于实践，法学知识体系是对国家法治和全球法治历史性经验的规律性总结，具有明显的实践性特征。从这个意义上说，中国法学知识体系来源于中国化时代化的马克思主义理论，这是底色，跌宕起伏的法治实践是它的本色，中国法制历史文明演进的过程是其亮色。这是对中国现代法学知识体系的基本思考。

二、中国法学知识体系的地位

2017 年习近平总书记在繁荣哲学社会科学的座谈会上讲话提出，要"加快构建中国特色哲学社会科学学科体系、学术体系、话语体系"。应该看到，法学知识体系是学科体系、学术体系、话语体系的基础和基石，即法学知识体系是全面建设社会主义法治现代化国家的知识根基，是中国特色法治实践知识根基。尽管这三大体系互相支撑互相促进，但法学知识体系是基础，是根基。这是它们之间的地位逻辑。

一个学科知识体系的形成，是从其自洽性的概念，包括核心概念、基本概念、辅助概念等出发，形成本学科内涵范畴，还要有特有的法律分析框架，捕捉其理论特征，建立具有逻辑延展性的理论体系，形成学术体系和学科体系。在此基础上，提炼出具有常识性意义的概念、逻辑自洽的知识点的链接，形成知识体系。当形成体系（具有内在逻辑）的法学知识内化为自己国家、民族、社会一种自我意识和法治文化的认同，就形成了本民族的法治文明。所以法学知识体系是常识性、共识性的知识的有机构成，是三大体系的基础和灵魂。

三、中国法学自主知识体系的标准

习近平总书记曾经说过，"从我国改革发展实践中挖掘新材料、发现新问题、提出新观点、构建新理论……在指导思想、学科体系、学术体系、话语体系等方面充分体现中国特色、中国风格、中国气派……科学回答中国之问、世界之问、人民之问、时代之问"。认真领会习近平总书记的讲话精神，我们要看到，中国法学自主知识体系是立足于中国法治实践，致力于解决我们国家本土法治问题，形成法学知识的自觉，形成以人类命运共同体法治的共同价值为基准来构建共同体的法治体系，所以从解决本土法治问题作为出发点，发展到提供人类法学知识的共同场景，进而解决人类共同的法治问题。可见法学自主的知识体系一定是在中国法治的实践当中产生的理论，既能解决中国法治现代化进程的问题，同时又对世界法治的进程具有指导意义。要看到可以用中国的理论来解读世界问题的能力和自信，进而对人类的法治文明的新形态作出我们的贡献，这是我们判断自主知识体系的标准。

四、中国法学自主知识体系的基本特征

如何来体现这种自主性，把握中国特色的法学知识体系，它的自主性的特征该怎么理解呢？首先是法治公共产品供给上的自主性。从中华人民共和国成立到改革开放 40 多年发展，到步入全面现代化的新征程，我们国家扎扎实实地走出了一条

具有中国特色的社会主义法治道路，即二十大提出的中国式现代化的法治道路，这是中国法治经验的总结。在解释我们特定社会时代的实践问题时，其实也回答了世界的共同问题，这是我们自主的知识谱系的形成过程，体现在主体性的地位上。其次是法学知识供给的自主性。现有的法治理论能不能为中国式法治现代化道路提供有力解释和指导，从这个意义上说，自主性是欠缺的。此外是法学方法论意义上的自主性。我们将以一个什么样的知识供给去关注人类的共同价值和世界法治共同的特征。

五、关于中国法学自主知识体系构建的几个环节

我们要看到，如何从法学自有的经验系统和规律性的认识当中形成自主的法学知识谱系，如何成熟地、客观地对待西方法学，如何客观看待我国法学知识的归宿，这是一个难以在短期内形成共识的问题。当我们在建构中国法学自主知识体系时，要以解决中国法治的本质问题作为出发点来解决人类法治的共同问题，进而为整个人类法学知识提供公共产品，包括自洽的概念体系、基本的范畴体系、自主的命题原理学说、自觉的研究方法以及对世界法学的借鉴。还要注意坚持实践问题意识，以跨文化和跨学科的视角指导自主知识体系的建设。既要扎根当代中国的法治实践，又要站在世界法治发展趋势前沿。总结我们党领导建设法学和法学理论的作用、人民共和国的法治探索、改革开放的法治理想以及新时代的全面法治观，注重概念的自主性，注重常识性知识的总结，建构符合逻辑的自主性知识体系框架。

涉外法治人才培养的思考

湖南师范大学副校长　蒋新苗

上海交通大学法学 20 年呈现跨越式的发展，成了全国一流的法学院系，法学专业应有的一些要素，如硕士博士学位授权点、一流专业、卓越人才基地等国家级平台样样具备，堪称法学专业建设超速发展的典范与榜样，值得同行学习仿效。

一、涉外法治人才培养中存在的问题

习近平总书记提出要"统筹推进国内法治和涉外法治"，这是中国特色社会主义法治思想中"十一个坚持"中的第九个坚持。2020 年，在中央全面依法治国工作会议上，习近平总书记强调指出："要坚持统筹推进国内法治和涉外法治……加快涉外法治工作战略布局，协调推进国内治理和国际治理，更好维护国家主权、安全、发展利益。"二十大报告再次强调要"加强重点领域、新兴领域、涉外领域立法，统筹推进国内法治和涉外法治，以良法促进发展，保障善治"。

坚持统筹推进国内法治和涉外法治的重要论断与国际法学科建设和发展的联系十分紧密，体现了国内法治与国际法治的密切关联和有机联系，产生的背景就是百年未有之大变局。当前国内外形势正在发生深刻的变化，百年未有之大变局是时代之变、世界之变、历史之变，世界的多极化、经济全球化与逆全球化、社会信息化、数字化、科技智能化、文化多样化深入发展，全球治理体系和国际秩序变革加速推进。

在百年未有之大变局下，全球的去中国化、去中国依赖的浪潮波涛汹涌，单边主义、霸凌主义、霸权主义、贸易保护主义也肆虐猖獗，亟须构建国内国际双循环相互促进的新发展格局。为了使我国在国际领域更好地发挥负责任大国的作用，积极参与全球治理体系的变革，法学院校作为法治人才培养的第一阵地，也需要培养一批具有国际视野、熟悉国际规则、擅长处理国际事务的涉外法治人才。可以说，全面贯彻落实习近平总书记提出的要求，加快培养涉外法治人才是新时代法学教育不可推卸的使命担当。

上午的论坛也有很多专家提出中国的涉外法治人才不缺，但是我个人觉得跟20世纪80年代比较，与改革开放初期比较，涉外法治人才出现了从无到有、从少到多的巨大变化。但从全国目前的现实和世界维度来看，涉外法治人才还是不足的。我这里做了一个简单的统计数据，不一定准确。以国际法学为例，在师资队伍建设方面：全国现有的625所法科院系的国际法学专业的硕士研究生导师不到1000人，大致是888人，国际法学专业的博士研究生导师275人，教授本科国际法学相关课程的教师全国统计也就2006人左右；在人才培养方面：本科阶段以国际法学为培养特色的法学院系，各院法学本科专业在校生有18000多人，国际法学硕士学位在学研究生3739人，国际法学博士学位在学研究生892人；在协同培养方面：全国共有涉外法治人才培养的校外实践教学基地是1068个，全国法学教育领域与国外建有稳定合作关系的海外高校是1329个，所以涉外法治人才在校生中具有涉外实习实践经历的学生也就4500人左右。如此，关于涉外法治人才的培养方面，我个人觉得涉外专业人才依然严重短缺，既有立法、司法、执法、法律服务环节的涉外法治人才的不足，也有服务"一带一路"建设以及熟悉"一带一路"沿线国家的高素质专业涉外法治人才的不足，还有国有企业走出去的过程中需要储备的涉外法治人才的不足。此外，具有国际视野、通晓国际规则、能够参与国际法律事务并勇于推动全球治理规则变革且胜任国际组织任职的涉外法治人才也是不足的。上海曾经有一个统计数据，上海律师队伍建设目标2022年达到3.2万人，其中涉外律师达到5000人左右（上海属于中国对外开放的门户典范，但涉外律师目标设定5000人的规模是否与其国际化大都市的地位相匹配）。2023年上海的首批涉外人才库投入建设，第一批是入库了215人，数量还是略显不足。

不仅如此，涉外法治人才协同培养机制也不够健全、师资力量不够理想。上海交通大学的涉外法治人才培养的师资队伍雄厚，但有一些地方性院校本科阶段的涉外法治教师严重不足，有的学校国际私法、国际经济法、国际公法课程都是由一个老师进行讲授，体现不了术业有专攻。另外，目前涉外人才培养质量保障体系也不够健全。

这是我个人对涉外法治人才培养中存在的一些问题的简单梳理，难免管中窥豹，纯属一己之见。因此，需要我们正确认识涉外法治人才培养和教育的系统性和持续性，对于涉外法治人才的培养不能一蹴而就。高校是人才培养的主阵地，要充分发挥高校法学教育在涉外法治人才培养和教育中的基础性、先导性的作用，同时发挥实务部门、政府部门、涉外企业的作用，加强顶层设计，夯实基础，拓展路径，稳步推进涉外法治人才培养目标和教育宗旨的实现，避免简单化、片面化、绝对化的涉外法治人才培养模式。

从目前的情况来看，包括我们湖南师范大学现在做的一些工作，尽管想在涉外法治人才培养方面作出一些特色，但结果并不理想。法学院与外语学院开了一个双学位"外语＋法律"的班，尚在探索之中。目前大部分涉外法治人才培养这一块的"1+1"的模式导向比较多，但本科生在四年的时间，既要把外语学好，又要把法律学好，有的学生学得非常好，也有的学生是外语没学好、法律也没学好，出现两头失塌的现象。

二、完善涉外法治人才培养机制的建议

怎么来做好这一块，需要法学界同仁共同探讨，找到更好的培养模式、培养机制，而且涉外法治人才的培养不能仅关注学生的培养，更要加强涉外法治师资队伍建设的培养和建设。目前，从国际法学教师队伍与国内法学教师队伍比较来看，国际法学教师队伍体量小、领军人才少、分布不均衡、专业队伍散、团队力量不够强。正如前面提到的，不少高校法学院系的三个国际法学科国际公法、国际私法、国际经济法还只有一个教师。

总之，涉外法治人才培养教育要以国家战略需求为先，做好服务国家战略发

展。从上述的现状来看，针对如何完善涉外法治人才培养机制，在此提四个小小的建议。

第一，优化学科布局，探索涉外法律专业的学科设置。20世纪90年代初期，国际公法、国际私法、国际经济法曾是三个独立的法学二级学科，后来都合到国际法学单个二级学科下面。为此，呼吁主管部门在加强涉外法治人才培养的大背景下，尽快考虑国际法学的学科调整，将国际公法、国际私法、国际经济法复位到20世纪90年代的状况。若再进一步，建议将国际法学设置为一级学科。

第二，根据不同类型和高校的学科优势，确定不同的涉外法治人才培养的功能定位。教育主管行政部门统筹协调做好顶层设计，安排好涉外法治人才的本科与研究生的招生计划，科学规划定位，加强国际法学专业的人财物尤其是经费支持。

原来的国际私法、国际经济法，都是核心课程，现在已变到X里面了。要加强涉外法治人才培养，可以考虑在法学本科专业核心课程扩展中，将国际经济法、国际私法增加到X里面，变成"12+X"。同时，知识产权专业核心课程也缺了国际经济法、国际私法的课程，与知识产权专业的国际化地位极不相称。无论是法学专业还是知识产权专业，国际公法、国际私法、国际经济法对于涉外法治人才培养来说都是不可或缺的。

第三，作为考试指挥棒，建议司法部法律职业资格考试管理局也采取一些措施，尤其是国家统一法律职业资格考试协调委员会多研究涉外法治人才培养问题，在全国统一法律职业考试中专门单设或者分设涉外法律职业资格考试。有了这一指挥棒，自上而下推动涉外法治人才培养，加上学者与院校的互动，一定会成效凸显。

各法科院校也要高度重视涉外法治人才培养，积极推进涉外立法、司法、执法工作人才的培养，还要做好优化涉外法治人才培养的标准、课程体系、培养机制。各个院校不可能面面俱到，各个院校应分工合作，一些大的院校积极跟地方院校合作，很多地方性院校要持续学习，有的负责涉外律师的培养，有的负责涉外法官的培养，有的负责涉外立法的培养，有的负责涉外法律企业人才培养的，还有的负责涉外国际组织人才的培养，或者兼顾一二。涉外法治人才培养对外语语言的培养也不能仅仅停留在几个大的语种上，除英法德等语种外，还应包括"一带一路"倡议涉及的100多个国家的语言。怎样培养通晓多个语种的涉外法治人才，要做好分类培养、个性化设计。

第四，积极推行以问题为导向的法律实践型教学，推广支持国际模拟法庭教学或竞赛项目。涉外法治专业人才的培养应侧重于法律职业教育，在国际经贸法领域尤为如此。从本质上看，国际化的法学教育一定是以法律职业教育为导向的，否则无法与欧美发达地区在同一平台上竞争。对法律职业教育的强调，意味着必须重视实践性教学，除了课程设置上需要体现实践性，在教学过程中也要全面践行这一点。如实践性教学中的模拟法庭竞赛、课外实习和法律诊所课程。国际模拟法庭竞赛是世界公认的全面检验法学院学生涉外法律应用能力的通用平台。为进一步培养学生的涉外法律实践能力，在课堂教学基础上，还应以各类国际模拟法庭竞赛为平台，大力推行实践型教学方法。近年来，我国不少法学院积极选拔和组织学生参加Willem C. Vis 模拟国际商事仲裁竞赛、Jessup 国际法模拟法庭竞赛、ICRC 国际人道法模拟法庭竞赛、国际刑事法院（ICC）模拟法庭竞赛、WTO 模拟法庭竞赛等具有全球影响力的国际模拟法庭竞赛，让国内外知名法学院学子同台竞技。国际模拟法庭竞赛通过精心设计的虚拟案例和模拟庭审，全面考查学生的语言能力、法律研究能力、法律书状写作能力和口头论辩能力等，不仅为学生提供了"学以致用"的机会，还极大地开阔了学生的国际视野。作为课堂教学的延伸，以各类国际模拟法庭竞赛为平台的实践型教学已经产生了丰硕的成果，成为教学模式改革的一大亮点。

不断推进涉外法治人才培养，本质上是为了讲好中国故事。在推动实施涉外法治专业人才培养和教育的过程中，应当坚持以习近平新时代中国特色社会主义思想为指导，围绕国内和国际两个大局，教育引导涉外法治专业人才正确认识世界和中国发展大势，明确时代责任和历史使命，将国际视野与中国问题相结合，进一步坚定信心，切忌盲目"接轨"。既要让学生懂得处理和平时期的国际法律事务又要让学生懂得处理对抗时期的国际法律纠纷。目前国际局势处于非常时期，既要培养学生处理和平时代的法律纠纷的能力和技巧，还要培养学生应对世界非常时期国际法律争端的能力和技巧。在人才培养方案中增设"中国元素的国际化"内容，引导涉外法治专业人才立足中国实践、讲好中国故事，培养涉外法治专业人才规则创新、议题设定、积极参与全球治理以及擅长运用中国规则和国际规则解决世界问题的能力，真正培养造就一支具有国际视野、专业话语权、行业影响力的涉外法治专业人才队伍，更好服务于我国高水平对外开放大局。立足中国实际，放眼全球，将国际治理与中国法治有机结合起来，努力促进世界和平与发展。

行政法典的中国道路

对外经济贸易大学副校长　王敬波

今天我将从三个方面简短地向大家报告我对中国式现代化和行政法典的理解，并从法学研究角度谈一谈我对法学人才培养的一些个人看法。

一、通过行政法典固化国家的改革成果

在行政法典化过程中，需进一步固化国家改革成果。《民法典》的成功实施为推动行政法典化提供了良好的契机，唤醒了行政法学界甚至整个法学界推动行政法典化的热情。与《民法典》不同，行政法的变动性较强，尤其是改革和法治之间的矛盾与冲突非常剧烈。因此，在行政法典制定的过程当中，如何通过法典化达到固化国家改革成果的效果，如何通过改革进一步推动我国法治发展，成为当前亟待解决的问题。其中，行政法典化的过程主要面临以下改革和法治相衔接的问题。

（一）党和国家机构改革同行政组织法之间的关系

行政法典以行政权力运行为中心，涉及行政组织、行政行为、监督行政等诸多方面。改革开放以来，党和国家机构改革以政府和市场的关系为基础不断进行调整。随着国家权力逐步退出市场，令市场在资源配置中起决定性作用，我国整个行政组织体制随之发生变化。无论是综合体制改革，还是市场监管机构的整合等，我国实际是运用集中统一、权威高效的组织法原则，不断推动党和国家机构的改革。尤其在党的十八大之后，党和国家机构改革进一步引发了行政组织法相关问题的探讨。此外，在基层治理方面，以街道办事处为例，如何进一步加强基层的法治建

设，成为当前国家法治建设"最后一公里"的问题。基于此，在行政法典化的过程中，必然会涉及如何衔接改革和法治的关系，其首要命题是党和国家机构改革。当前，我国诸多机构均涉及党的领导和行政机构。而在行政法典化过程中，需要进一步整合国务院的组织法、地方人大和地方政府的组织法，以及需要在行政法典中不断融合诸如街道办事处地方条例等地方性法规。同时，我国在行政组织法中所涉相关编制的问题，其源头为我国于20世纪80年代开始推动行政编制法定化，但尚未实现法治化的问题。虽然我国行政机构始终是处在改革过程当中，但是，当前我国行政机构改革逐渐定型，行政组织法也会随之更加成熟。

（二）我国放管服改革与各类行政行为法之间的关系

近年来，随着政府不断向市场放权，以放管服改革作为龙头的改革措施向市场逐渐倾斜，无论是20世纪80年代行政审批一条街，还是综合审批局，抑或是减政便民改革等都在推动政府向市场放权，还权于社会。在此背景下，以放管服改革作为主基调的改革，对我国行政行为法的发展方向提出诸多挑战。例如上海浦东新区率先推出综合许可证改革，此举实际上对现行《行政许可法》提出了新的要求。此外，诸多改革成果如何与现行法律实现有效衔接，成为行政法典化过程中面临的又一重要命题。《行政许可法》《行政处罚法》《行政强制法》等单行行政行为法，均可能因改革受到一定影响。因此，行政法典化的过程不仅是法律的汇编，还需要及时吸纳改革成果，以及通过法治化进一步明确改革的发展方向和引领改革发展。基于此，一是，需要在行政组织法中确立综合行政改革相关基本原则，将统一效能原则作为行政组织法的基本原则。二是，当前我国行政组织法缺少关联性的组织规则，需要将关联性的组织规则嵌入法典当中。三是，需特别关注行政组织法修改后，传统意义上的派出机关和派出机构相关法律地位的改变。四是，当前被改革实践验证为行之有效的权责法定原则和权责清单制度均可能成为进一步厘定行政组织权责配置的基本原则和基本规则制度。行政审批制度改革成果、包容审慎的监管理念以及一些新型的监管方式，均需要被吸纳入行政法典中。

（三）行政法典化如何衔接改革与法治之间的关系

这实际涉及法学教育过程中的多学科交叉融入问题。早期行政法学研究同行政管理学之间存在密切联系。而随着法学学科的发展，行政法学同行政管理渐行渐远。但是，近些年我国相关改革实践令我们认识到，行政法学同行政管理学、政治学之间的关系紧密，既要顶天也要立地。对行政法学的研究，需要上连宪法、国家基本政治制度，下连行政管理。不懂行政管理难以理解行政改革，进而难以推动行政组织的法治化。此外，在我国行政改革的行政管理领域当中，诸多改革成果会通过行政管理学呈现出来，进而为行政法学所吸纳，固化为法治成果，例如行政组织法。基于此，法学教育过程中应当吸纳更多行政管理学相关知识，即我们的法学教育既要顶天也要立地，还要触类旁通。当前我国在行政法学乃至整个法学人才培养过程中，对法学本身知识体系过度关注，对相关学科知识涉猎不足，容易造成学生们就法论法、视野狭窄、知识体系难以更新等问题，基于此，法学教育过程中迫切需要诸多学科的知识供给。

二、通过行政法典整合国家的法律政策

行政法典的特殊之处在于，其法典化过程需要进一步整合行政法律和政策。

一方面，行政组织法、行政行为法和监督救济法相关行政法律体系庞大，在诸多单行法当中均涉及行政法相关内容，这也是令诸多法学学生在司法考试中为之苦恼的重要原因之一。

另一方面，当前我国包括法治政府建设在内的行政法治推动，不仅仅是依靠法律，在很大程度上更依靠党中央国务院的相关政策，例如法治政府的研究实施纲要、依法行政相关纲要等政策在推动国家法治建设中发挥重要作用。

因此，在行政法典化的过程中，不能简单化地看待法律和政策之间的关系，基于此，在行政法典化的过程中，应当吸纳党中央国务院关于法治政府建设的核心目标以及核心指标，即行政法典化的过程实际上是法律和政策有机融合的过程。由此，在法学人才培养过程中，不能仅关注法条本身，应将其放至更广阔的视野当中，尤其是加强对政策学内容的学习。法律和政策应当成为法学人才培养的知识体系，以此不断加深对中国特色社会主义法治道路的理解，认识到我国的法治道路独具特色，在很大程度上是通过党的政策、党的决定来推动的。对上述问题的认识，

实际促使我们不断思考当前我国法学知识体系的构成，意识到过于偏狭的法学视角会阻碍法学生的视野。

三、对未来行政法典规范构成和安排的展望

在行政法典化过程当中，未来数字政府的发展十分重要。无论是计算法学还是数据法学的出现，实际反映出：近些年随着计算机广泛应用，互联网深度嵌入政府运作过程中，数字政府的发展极大地推动了行政法治的发展，数字化转型不断推动法学转型的趋势。因此，法学学生开展研究是否仅需要具备文科知识体系，是一个值得研究的问题。对外经济贸易大学的信息学院和法学院共建的数据法学实验班深受欢迎，2022 年开创了高考分数的新高。说明在对外经济贸易大学学科建设的目标指导下，纯文科的理论架构和纯粹的文科思维体系均可能会影响到未来法学人才的培养，而这个问题在行政法治领域已有突出体现。因此，在未来行政法典化过程当中，既要吸纳改革和政策的成果，也需适应数字化转型的要求，同时需要回应行政管理本身高度的变动性。此外，从世界各国来看，大部分成文法国家只完成了程序法典的制定，而真正融实体和程序为一体的行政法典未能实现。基于此，虽然行政法典中国化道路异常艰难，极具挑战性，但是其具有划时代的重大意义。

最后，基于上述论述，在未来行政法学人才培养当中，我认为应当要求法学学生更广阔地涉猎，同时在新文科建设的背景下，应该将传统文科的思维融入工科的思维方式当中，真正做到文理交叉、文理兼容。

数字时代地方高校法学新文科建设的探索

安徽大学副校长　程雁雷

本次会议让我想起曾两度到凯原法学院取经的经历，同时我也多次参加过凯原法学院举办的专业性的年会或者是专业性的学术研讨会。2010年，我带领法学院的团队去上海交通大学法学院上门取经；2012年，我参加了上海交通大学法学院的凯原楼建成启用揭牌仪式。近些年来深切感受凯原法学院的兴盛之路并学习成功经验。上海交通大学法学院取得的成绩使人感到羡慕，在学科建设、人才培养，特别在国际化人才培养以及党建方面，更是值得各方学习。

一、数字时代法学人才培养的探索

安徽大学地处中部，现在是长三角一体化发展的战略区域。作为地方高校，我们学校的法学教育，就目前来说存在短板。其中的一个短板是不能满足数字时代国家及区域经济社会发展对高层次法治人才的需求。所以，需要在人才培养模式、课程体系、教材建设和交流方法等方面进行新的探索。同时，作为地方高校，安徽大学在法学学科，特别是交叉学科的建设方面，没有紧跟上数字时代的要求，没有能够为数字时代法学人才的培养质量提升做一些必要的前期准备、奠定一定的基础。所以，这就迫切需要结合数字时代发展的特点，做好法工、法理等方面融合和交叉的一些探索。

第一，强化价值引领，培育数字时代的新人。以习近平法治思想为引领，坚持立德树人、德法兼修的教育理念，培养信仰坚定、具有国际化视野、适应数字时代的法治中国和法治安徽建设、服务于长三角一体化发展等国家重大战略需求的卓越法治人才。

第二，创新法治人才培养模式，在安徽或者一定区域内可以起到一定的示范和辐射作用，构建数字时代的安徽法治人才建设共同体。在兄弟院校的支持下，安徽大学的法学专业和知识产权专业都是国家一流本科专业，以建设点为依托，我们希望经过若干年的探索，可以在数字时代的法学新文科建设中积累我们的一点做法和经验。

第三，安徽省合肥市在科技创新方面有优势（区域优势）。首先，安徽省是国家战略科技力量的重要布局省份，也是首批创新型省份。习近平总书记近几年来曾经两次考察安徽、亲临合肥，有一系列重要的批示讲话。特别是在 2020 年 8 月 20 日，习近平总书记在合肥主持召开扎实推进长三角一体化发展的座谈会上，强调安徽要打造"三地一区"，主要指要把安徽打造成"科技创新策源地、新兴产业聚集地、改革开放新高地和经济社会发展全面绿色转型区"。安徽省政府，特别是合肥市政府近两三年采取大量的举措，包括立法，比如说合肥市就颁布了科技创新条例，并密集出台很多政策。这些举措也收到了一些成效。2022 年 9 月至 12 月，安徽省就召开了三个科技创新方面的世界大会，尽管受疫情影响，但这个会还是以线上线下结合的形式如期召开。其中一个是世界制造业大会，习近平总书记写贺信，李克强总理为开幕式致辞；第二个是世界集成电路大会；第三个是世界新材料产业大会。这些大会进一步推动安徽成为科技创新策源地以及新产业的聚集地，不仅为安徽的高质量发展添砖加瓦，同时也是落实党的二十大报告，把教育、科技、人才列为专章进行部署，通过产教融合、科教融合来为经济高质量发展、社会高质量发展提供新的动力。这样一来势必涉及法律相关的问题，有赖立法支撑、执法支撑，以及法律服务等方面的支撑。

合肥是科创之城，有一个城市名片叫做"大湖名城，创新高地"，而且是第二个综合性国家科学中心，所以现在合肥城市气质有一个名字叫"科里科气"。这为我们做这样一个探索提供很好落地的实践场域。基于实践需要，也基于中国式现代化与法学教育的改革需要，我们从具体的事情做起，可以探索一个具体的领域。

二、数字时代法学新文科建设工作

基于数字时代地方高校法学新文科建设，我们主要做了几项工作：

第一，专业建设方案。在 2022 年本科建设方案中，我们就嵌入专业建设方案，与我们的卓越法治人才培养计划有机结合。

第二，在人才培养专业建设方面，特别是数字法学的相关课程内容方面，我们还要建立跨学科的教学团队。现在大家都在探索如何以教材为载体建立知识体系。

第三，实践教育体系。我们在实践教学体系方面做了一点探索，也就是依托合肥的科创中心创建了一些基地，同时派年轻老师去挂职，比如现在就有年轻老师在省知识产权局挂职。

在具体路径上面，首先是校内协同。因为安徽大学是综合性的大学，我们现在的学科非常齐全，我们的文科全覆盖，理工科也是全覆盖，所以我们的计算机学院、大数据学院、互联网还有集成电路学院、材料学院、互联网学院等，都进行了融合交叉的探索。其次是加强校外协同。我们的校外协同做得不够，特别是近些年因为受疫情影响，海外做得还不够。虽然也做了一些，但基本停留在线上协同层面。再次，从保障机制来说，现在是通过微课程、双学位辅修等探索应用型、复合型数字法学的人才培养。

从部门法学到领域法学的新拓展

——兼谈我国法学教育的改革方向

湘潭大学党委副书记　廖永安

在党的二十大胜利闭幕之际举办本次研讨会，可以说是恰逢其时。在党的二十大报告里，有两点是让我们法学教育工作者倍感振奋的：一是把教育、科技、人才放到了一个特别突出的位置，并进行专章论述；二是把法治建设单独成章并进行专门部署。其中教育、科技、人才是实现中国式现代化的基础性战略性支撑，法治中国建设是中国式现代化顺利推进的重要保障。

今天我想谈的主题是，从部门法学到领域法学的新拓展，以及由此引发的对于未来法学教育改革的思考，主要涉及以下三个问题。

一、领域法学兴起的背景及其内涵特点

就法学研究而言，实际上我国传统的法学研究范式呈现一种部门法化特征，即以法律的调整对象和调整方法为标准，将我们的法学研究划分为几大部门法学。但是，随着经济社会与科学技术的迅速发展，人类社会重大领域出现的各种问题呈现愈加复杂性、集合性、动态性的特征，可以说，任何一个部门法学科系统都很难单独作出回应。以社会领域为单位的整合性、多维度和一体化研究范式，展现出越来越重要的理论价值和现实意义。

实际上，党的十八届四中全会通过的《中共中央关于全面推进依法治国若干重大问题的决定》已经明确提出要加强重点领域的立法，并且该决定还列举了知识产

权、环境保护、国家安全以及社会主义市场经济等多个重要领域。针对上述重点领域所表现出的问题复杂性以及多样性，传统的部门法思维方式已经难以回应重点领域的立法需求。在此背景下，通过反思传统部门法学理论体系和研究方法在回应重点或新型领域重大问题过程中的局限性，学术界提出了与部门法学功能互补的领域法学概念。

具体来讲，领域法学实际上是以问题为导向，以特定经济社会领域全部与法律有关的现象为研究对象，融经济学、政治学和社会学等多种研究范式于一体的具有交叉性、开放性、应用性和整合性的新型法学学科体系、学术体系和话语体系。领域法学融合部门法学研究方法、工具和手段在内的全要素，但又在方法论上突出体现以问题意识为中心的鲜明特征，是新兴交叉领域"诸法合一"研究的有机结合，与部门法学形成同构而又互补的关系。

具体来讲，领域法学呈现出以下三个主要特征：

第一，研究对象的综合性和交叉性。

新兴领域的法律现象具有复杂性、整合性、交叉性、开放性的特质，其调整的社会关系不具有单一性，难以按照传统部门法学的"调整对象"或"调整方法"划归某一法律部门，无法在一个或几个法律部门内部解决这些领域中的重大社会问题。所以，对于体现事物本身之间交叉、融合而又以复合样态呈现的法律现象，需要用更加准确、更加具有现代性的研究方法来分析、探索和调适。领域法学研究对象的非单一性、交叉性和综合性的特征，使得法学的研究更应放在现代性的立场上进行理解。领域法以特定的问题为研究对象，打破了传统法学研究的"条条框框"，观念更加开放，思维更加活跃，视野更加开阔，较好地契合了法学研究的"问题意识"立场和实践秉性。

第二，研究思维的立体性和融合性。

对任何事物和法律现象，领域法学并不拘泥于具体的某一类认识论和研究方法，而是以相互融合的立场来加以引导、协调和整合。在领域法学中，不仅会融入包括法解释学在内的部门法研究思维，还会借鉴社会学和经济学等社会科学的研究范式。

第三，研究方法的多元性和开放性。

领域法学是一种综合的、超然的、具有现代性特点的范畴归类和研究视野，能根据研究内容对各种研究方法综合运用，并涉及不同的传统部门法和部门法学。研究方法上，除了包括所有现有传统部门法的研究方法，还呈现"开放性"特征，即在更加突出"问题中心主义"的基础上，更加注重"观念更新与学术融合"。面对中国问题，领域法学在研究手段上"海纳百川"，注重"视角多元"，由此得出理论自洽和实践可行的对策方案。需要特别指出的是，领域法学与传统部门法的研究方法并非相互冲突的排斥关系，而是功能互补的并存关系。在领域法学语境下，传统部门法学仍可基于本体论覆盖所涉及的主要研究对象，整合传统部门法学的研究手段。而领域法学采取的基本立场则是，在注重传统的规范分析、价值分析、功能和比较分析等法学方法的基础上，也注重经济学、社会学等实证分析、均衡分析与非均衡分析、定量与定性分析等社会科学方法。

二、领域法学建设的重大意义

领域法学的提出及兴起，在以下三个方面具有特别重要的意义：

第一，有助于法学研究消除学科壁垒，推动重点领域的法学研究。

面对当前社会经济发展过程中所产生的日益复杂的问题，传统部门法的单一思维范式，很难回应这些重点领域的立法需求，亟须整合性、多维度和一体化的法学研究范式。领域法学恰好具有研究对象的综合性、研究思维的融合性以及研究方法的开放性特征。领域法学的兴起有利于打破法学内部学科限制的藩篱，推动学科交叉融合。

第二，能够为新型法律领域研究提供科学的指导。

法学承担着推动法治国家、法治政府、法治社会一体化建设的重要任务，面临着如何应对新兴领域重大问题的挑战。相应地，法学研究应当以问题为导向，展开学理分析，并给出有效的解决对策，而不应该局限于从概念到概念、从文本到文本、从部门到部门的思维方式，应该面对现实的社会问题，从中寻找规律，提炼理论，进而促进社会问题的解决能力和法治水平的整体提升。

第三，问题导向的研究范式有助于推动新型法律领域研究更加接地气。

"关于国家治理现代化和法治中国建设的理论构想，不是抽象的玄思，须以现实存在的问题为导向。"传统部门法学研究的主要内容就是对规范文本的解释，从文本到文本，只顾追求对文本解释的逻辑自洽，忽视现实社会的实际情况。领域法学以中心问题为导引，循"问题中心"的逻辑脉络确定自己的研究任务，高度张扬对社会问题的回应性。确立这样一种新的法学研究范式，对于法学教育与法治人才培养也带来了以下三点启示：（1）特别强调以问题为导向；（2）特别强调立足国家战略与社会需求；（3）更加注重学科交叉与融合，注重系统思维。上述三点启示与当前我国推进的新文科、新法科建设战略是高度契合的。

三、领域法学对于未来法学教育的影响

近些年，湘潭大学本着上述理念，围绕国家战略与社会发展提出的法治人才需求，以领域为特色来进行人才的培养，做了一些有益的尝试和探索。特别是围绕"服务中非合作、知识产权强国、纪检监察改革、社会信用体系建设、地方立法"等国家战略与社会需求，在专业设置、团队打造、课程与教材建设以及平台搭建等方面，打破学科专业壁垒，贯通法学理论与实践，培养了一大批复合应用型特色法治人才。

在本科人才培养方面，我们开设了两个特色专业：一个是知识产权，经过十余年的探索，按照"工科＋法学"的双学位模式，培养知识产权人才；第二个是五年前新增设的全国第一个信用风险管理与法律防控特色本科专业，瞄准我们国家信用法治建设的人才需求，通过"金融＋法学"双学位模式展开人才培养。

在传统法学专业人才培养基础上，我们还开设了两个特色法学方向班，一个是纪检监察方向班；另一个是法律调解谈判方向班，这个也是针对相应领域所开展的法治人才培养工作。

在研究生人才培养改革领域，我们特别针对法律硕士培养改革做了一些比较大胆的探索，分别开设包括地方立法、信用法治、纪检监察、多元化纠纷解决等领域的人才培养方向。

在非法学法硕方面，我们开设了非洲法、知识产权和数据法三个特色方向。

其中知识产权和数据法学两个方向的人才培养，都是招收具有理工科专业背景的本科毕业生；在非洲法人才培养方面，聚焦湖南作为中非经贸深度合作先行区和中非经贸博览会长期落户省份的定位，主要从语言和国际关系这类本科专业毕业生中选拔培养非洲法治人才，为补齐涉外法治人才短板贡献湘潭大学的力量。

海洋法治学交叉学科的探索

大连海事大学副校长　初北平

党的二十大报告中提出"加强基础学科、新兴学科和交叉学科建设"的要求。大连海事大学于 2021 年就在教育部备案了海洋法治学交叉学科，该学科主要是由交叉法学、船舶与海洋工程、交通运输工程、管理科学与工程和环境科学与工程这几个一级学科构成，现在开始进行海洋法治学的交叉学科试点工作。

为什么要建设海洋法治学的交叉学科？实际还是存在不少的疑问，尤其是针对交叉学科本身所具有的特点。目前，教育部的学科办还没有办法对交叉学科直接授予学位，在这种情况我们不建设交叉学科，难道就没有办法培养复合型的人才吗？这个疑问在交叉学科的建设中一直存在。

大连海事大学要建设海洋法治学、交叉学科的初衷是：第一，回应海洋法治的时代需求，由于各国对于海洋战略价值的认识不断提升，对于海洋资源和空间的争夺，以及对资源的管控在国际社会日益增强。第二，法治应该是国际社会比较容易接受的，或者也比较容易实现的一种全球海洋治理方式，也逐渐成为当代全球海洋治理的核心方式。海洋法治恰恰成为新时代我们国家可以选择的推进海洋治理现代化的重要维度，也就是我们国家能够参与现代化海洋治理的方式。因此，海洋法治越来越受到重视。

但是海洋法治学科面临的困境，主要体现在海洋法治在学科层面的显示度和资源匹配度的严重不足。除了海商法和海洋法这两门课在部分高校作为选修课，其他的涉海课程很难进入本科学生的课程体系中。这也导致我们涉海的专业或者涉海的领域，比如说海事局的海事管理、海警机构的海上执法、农业农村部门的海洋渔业资源管理、生态环境部门的海洋生态环境治理、海事法院的海事司法、外交部门的海洋划界和争端应对，等等，相对应的知识内容都缺乏足够对应的课程供给和人才培养的基础。这对于我们参与国际海洋的治理实践造成了比较大的障碍。不过，目前我们还是面临比较好的机遇，那就是国家对于新文科建设的倡导。

新文科的建设是一种机遇，呈现了学科融合的趋势。从方法论的角度看，新文科强调的不再是功能分化，而是一种机制的整合，以及不同因素之间的串联和互动。来自不同的学院和学科的研究者，在这种形势之下为了攻克一个重大的问题，甚至是一个卡脖子的技术工程问题、装备问题，可以在多元框架下展开共同研究，可以打破已有的一些限制，为国家重大战略所遇到的难题提供化解方案。

实际上，在很多的国家重点实验室的建设当中、在一些国家工程中心的建设当中，可以经常看到法学的影子。以大连海事大学为例，我们正在建设国家工程中心，还有一些重点的实验室，下面都设有法律与政策研究中心。我们近期在申报教育部重点实验室的时候，就在无人船、智能船重点实验室中设立了法律与政策的研究中心。校长亲自参加答辩，并在最后说了一句话——"法律先行"——之后才谈到实验室的两个重大特长或者优势。

此外，我们面向海洋的治理，需要一体化的学科构建。倘若我们仅仅是推动法学加上其他海洋学科这种简单的学科交叉，虽然也能解决一些问题，但是它不能根本地回应海洋法治给我们的时代提出的新要求。因此，我们需要通过顶层设计建立一个独立学科，从而使海洋法治摆脱其他学科的限制。因为在其他学科的限制之下，有些专业的僵化带来不好克服的困难。只有建设一个学科，让它体系化地运作发展和进行资源配置，才能从根本上解决问题，并且也容易让不同的学科从最开始就能融合在一起进行重大问题的公关。

海洋法治学的交叉学科如何进行构建？一方面，法学内部也需要知识和研究的交叉，也就是说这个交叉不仅是法学与其他学科的交叉，法学跨部门法的交叉和研究也显得非常必要。另一方面，法学与其他学科的知识和研究的交叉。海洋法治学虽然是以法学为底色，但是海洋法治的理论、战略、体制机制、政策涉及国际政策、国际博弈，以及具体海洋法治领域的实践，涉及政治学、历史学、管理学、经济学等学科门类下的一些一级学科。

如果要对知识体系进行架构的话，海洋法治学研究对象就是中国特色海洋法治体系。它的理论和实践，基本范畴都是海洋权益，包括个人组织对海洋的开发利用权、国家对海洋的治理权和国家的国际海洋法权。除了基本范畴之外还有分支学科，应该包括海洋开发利用的法治学、海洋综合法治学以及国际海洋法治学。它的基本原则是陆海统筹，以及国内法治与涉外法治的统筹，这是海洋法治学的一个基本的知识图谱。未来海洋法治交叉学科建设的进入可以这样考虑：

第一，对海洋法治共同体进行培育。海洋法治交叉学科的培育需要依托相辅相成的过程：一方面通过海洋法治学的学科，来培育推动海洋法治共同体的共识凝聚以及建设；另一方面通过海洋法治共同体的实践，来引领海洋法治独立学科的地位巩固和发展。在方法上，一方面可以考虑交叉学科的学术联盟，要借用学术联盟形式；另一方面，智库也是不可忽视的形式。另外，教育部大力提倡和发展的趋势是不同的院校之间建立虚拟的教研室。这些都有利于交叉学科的建设，无论是在知识还是研究体系的构成方面。

第二，以中国特色海洋法治体系的理论和实践为研究对象。中国特色海洋法治体系建设的推进，一方面可以为交叉学科提供研究问题和研究方向；另一方面，可以通过实践扩大海洋法治的共识和需求，反证海洋法治学构建的必要性和可行性。因此海洋法治学的构建，从根本上需要中国特色的海洋法治体系建设的实践引领，这两点应该是未来海洋法治学交叉学科建设的总路径。

以主体性、原创性法学研究来建构
中国法学自主知识体系

吉林大学副校长　蔡立东

中国式现代化道路怎样影响中国法治，怎样影响中国法学，怎样影响中国法学教育？我认为中国法学教育面临一个最主要的任务，就是中国自主知识体系构建的问题，围绕这个问题给大家汇报三个观点：

一、以主体性原创性的法学研究揭示中国式法治现代化的底层逻辑，是建构中国自主知识体系的中心议题

知识是人类普遍接受认识世界的成果，也是人类行之有效的改造世界的工具，中国式法治现代化不仅是全面推进中华民族伟大复兴的必由之路，而且为人类实现法治现代化提供了新的可能和选择。中国法治自主知识体系为何必要？如何可能？这源于中国式法治现代化道路的既定选择。我认为中国式法治现代化道路蕴藏着丰富的学术资源和理论资源，是中国法学研究的重要学术议题，对中国式法治现代化道路进行长时段、跨学科、跨文明的学术研究，是中国法学界的重要任务，也是建构中国自主知识体系的必由之路。

中华民族有着五千多年源远流长的文明历史，在有史料记载的多数时间里面，我们在经济、科学、文化、艺术等方面，始终都走在世界前列。今天更是如此，我们越来越接近世界舞台的中央。但是，回顾中国式现代化的成功实践，同其他哲学社会科学一样，中国法学在学术命题、学术思想、学术观点、学术标准、学术话语

上的能力和水平，同我国的综合实力和国际地位还不相称。我们尚未构建并发展出一套成系统、较完备、较成熟的解读新中国成立以来中国法治发展变化，解读当代中国法治成就的学科体系、学术体系、话语体系。学术中的中国、理论中的中国法治，形象尚不清晰。在相当大的程度上，我们是拿西方的理论、知识、观点、原理、概念、范畴、标准和话语来解读中国的法治实践，还在不同程度上存在着习近平总书记所指出的"刻舟求剑""照猫画虎""生搬硬套""依样画葫芦"的问题。

建构中国法治自主知识体系就是要在习近平法治思想指导下，以原创性、主体性的法学研究对发生在特定时空的中国现象进行学理化的阐释，揭示中国式法治现代化的底层逻辑及其背后的道理、法理、哲理，从中提炼出自洽的标识性概念，以此原创性的概念阐释中国生动的法治实践，从而把"中国现象"建构成为一个理论事实，展示学术中的中国法治和理论中的中国法治，进而从中国现象中发现普遍性，并基于更大范围的跨文明比较研究，将其抽象为具有普遍性的概念、范式，并在这些概念、范式相互规定的逻辑中，建构具有主体性、原创性的当代中国法学，从而实现术语的革命和中国法治的知识化。

二、以主体性、原创性法学研究达到有本有文，是建构中国法学自主知识体系的必由之路

我们确立了建构中国法学自主知识体系的目标，还要设定达到这一目标的路标，开展主体性、原创性的法学研究。建构中国法学自主知识体系的路标在于达到有本有文、掌握看家本领。达到了有本有文、掌握了看家本领就有了建构中国法学自主知识体系的基础和底气。"无本不立，无文不行"，依据这一路标，需要在科学的理论指导下，坚定正确的理论立场，凝视中国式法治现代化实践，做有鲜明特色、能够解释和指导中国实践又被国际广泛认可和传播的中国赛场的研究。

"无本则见于事者乃为虚文"，以主体性、原创性的法学研究掌握看家本领必须以科学理论为指导，拥有马克思主义科学理论指导是我们党坚定信仰信念、把握历史主动的根本所在。实践告诉我们，中国共产党为什么能？中国特色社会主义为什

么好？归根到底是马克思主义行，是时代化、中国化的马克思主义行。开展主体性、原创性的法学研究，掌握看家本领必须以马克思主义为指导，坚持运用辩证唯物主义和历史唯物主义，持续推进马克思主义法学中国化、时代化，不断追求真理，以正确的政治方向来把舵主体性和原创性，就能够为既不走封闭僵化的老路，也不走改旗易帜的邪路奠定立场保障，建构中国法学自主知识体系时就不会迷失方向、偏离航程，就能够蹄疾步稳、行稳致远。

"无文则存乎心者乃是虚念"，以主体性、原创性的法学研究掌握看家本领，必须凝视正在展开的中国法治实践，蒸馏其杂质，萃取其精华。作为地方性知识的法律，隐藏着每个民族最深层次的奥秘。中国法律与法治必然与中国人对生活世界和意义世界的想象力相联系。全面依法治国是一场深刻的革命，中国法治现代化的挑战无疑与前现代社会历史遗产有关，也与现代化进程中的政策选择密切相连，同时还受到错综复杂的国际环境的巨大影响。

诚然，仅有中国式法治现代化的实践还不足以发展出中国法学。中国法学一定是理论洞见的产物，只有拥有评析和捕捉时代问题的理论洞察力，分析和凝练法学命题的理论概括力，阐释和论证法学观点的理论思辨力，总结和升华法学理论的理论思想力，以中国的法律、法治提出问题、给出结论，才能发展中国特色的法学。对中国式法治现代化做沉浸式观察，持续关注中国正在发生的经验事实，评析中国学者的理论想象和法学话语的理论表达，就此展开主体性、原创性研究，提炼出有学理性的新理论，概括出有规律性的新实践，使中国法学获得比较优势，形成看家本领，建构中国法学自主知识体系最现实、最便捷的路径。

三、以主体性、原创性法学研究羽化自有资源，是建构中国法学自主知识体系的知识源泉

开展主体性、原创性的中国法学研究，建构中国法学自主知识体系，要以科学的态度对待科学，以真理的精神追逐真理，以萃取实践智慧为基本来源，以不忘本来为坚实基础，以吸收外来为学术滋养。我们不仅能够以广泛而深刻的矛盾性去探索中国法学与西方法学为世界性的时代性法学问题给出的不同回答，而且能够以广

泛而深刻的一致性去思考当代法学所面对的具有世界性的时代性法学问题，形成具有中国背景、时代内涵和人类关照的法学思想、法学观点和法学命题。

（一）主体性、原创性的中国法学自主知识体系要有回应当代问题的时代内涵

这需要注重对法治实现智慧的提取，着力从中国特色社会主义法治的伟大实践中概括出有规律的新实践，深入挖掘和总结中国传统文化，特别是中国传统法学的实践智慧，聚焦法治文明形态变革，探索实现人的全面发展的实践智慧，让具有主体性、原创性的中国法学自主知识体系之光照亮现实，引导法治实践智慧，真正成为中国法治活的灵魂。

（二）主体性、原创性的中国法学自主知识体系要有体现中国传统优秀文化的民主性内涵

中华法系是在我国特定历史阶段下形成的，显示了中华民族伟大的创造力和中华法治文明的深厚底蕴，挖掘和传承中华法系凝聚着民族精神和文化精华。当代中国法学的主体性、原创性，与中华民族在几千年文明发展中积累的知识智慧和理性思辨，形成了思想体系的关系，共同传承和创新中华法治文明。以中国优秀传统文化的独特优势，推动以法治思维和法治方式筑牢中华民族共同体意识，为人类法治文明形态变革提供具有主体性、原创性的中国法学思想和智慧。

（三）主体性和原创性的中国法学自主知识体系还要有把握人与世界关系的人类内涵

我们强调当代中国法学的主体性、原创性并不排斥国外法学的研究成果，而是要在比较、对照、批判、吸收、升华的基础上，使中国法学更加符合当代中国和当代世界的发展要求，使其具有深远的世界意义和文明意义，这就需要从时代变革的角度，探索当代法学的革命。

总结和升华法学所面对的世界之问、时代之问、中国之问和人民之问，为建构中国主体性、原创性的法学提出重大的时代性课题，总结和升华域外法学提出的新的法学概念和范畴、新的研究课题和研究方法、新的研究范式和概念框架，着重揭示域外法学在法学思想、法学观点，以及法学问题中所具有的思想内涵、时代内涵和文明内涵，为中国法学的革命提供有益滋养，为建构中国法学自主知识体系提供

有益的借鉴。

以上是我关于法治现代化与法学教育的分享，主要是我们要有适应法治现代化的法治教育，必须建构中国自主的知识体系。

第二编

涉外法治
人才培养

涉外法律人才培养

——北京大学法学院的认知与实践

北京大学法学院院长　潘剑锋

关于"涉外法律人才培养——北京大学法学院的认知与实践",我准备从三个方面,也就是理念与目标、做法与经验、挑战与应对来谈,其中第二个方面是最主要的内容。

一、理念与目标

我们经过多年的摸索确定了培养涉外法治人才的目标,即培养塑造能通晓国际规则、从容处理涉外法律事务、自如参与国际合作与竞争的卓越法律人才。这个目标规划了将近十年,在向中国法学会领导汇报的时候,法学会会长王晨副委员长对此予以充分肯定。

二、做法与经验

在上述目标指引下,我们的具体做法有五个方面:整合新资源、推动新模式、开拓新视野、培养新能力和创设新平台,这五个方面相辅相成。

(一)整合新资源

涉外法律人才培养,资源是特别重要的。首先是在师资的储存上。目前我们学院84位老师中,有80位都有海外的留学背景或者是半年以上的海外访学经历,其中有40多位在海外知名院校拿了相关的法律学位。其次我们聘请了30余位国际知名学者和实务精英作为客座教授、名誉教授和杰出访问学者，比如我们跟美国众达律师事务所合作聘请了将近10位律师作为专题课程的教授。另外，2018年我们设立了全球讲席项目，这个项目成立的时候聘请了20位学者，这两年分别又聘了2位，现在一共有22位全球讲席学者。他们都来自世界上著名的法律院校，除了哈佛大学因制度原因没有教授参加，其他像耶鲁大学、东京大学、哥伦比亚大学、德国洪堡大学都有学者参加。

（二）打造法学国际周

这个效果客观来讲也不错。从2017年开始每年大致是在11月开设北京大学法学国际周。在国际周里除了举办相关的讲座、论坛之外，很重要的一点是为国内法科学生到国外求学搭建平台，少则有20多个国外（境外）法学院校，多则有将近40个院校会在这个平台上宣传他们的学校，招收中国的学生到这些优秀的法学院校去学习。国际周现在已经推行6年了，效果总体上还是不错的。

（三）开设相关课程

从2017年到现在为止一共开了86门英文课，占所有课程的1/5。我们开了全球化与比较法系列课程，这是比较固定的课程，有30多门。另外，全球教习系列的讲座从2018年开始截至2023年11月已举行了111场，受众有10000多人。我们准备把这些讲座精选一下，在2023年出版北京大学法学全球讲席讲座的一本书（可能是一册或者两册）。

（四）做特色项目

包括中国法项目，以及经过若干年努力与香港大学法学院合作的双学士项目。后者从2019年开始至2022年底已经有两届学生，此后我们去香港又另外招收了两届新学员，现在一共有四批学生。另外，跟全国各兄弟院校一样，我们设置了法硕的涉外律师研究生培养项目。

（五）给学生提供海外学习交流机会

客观来讲，北京大学机会比较多一些。如今与海外118所兄弟院校和科研机构有相关的学术交流，保持关系比较密切的应该有60多所学校。在疫情没有发生的时候大概每年有200多人次可以进行学习交流。另外保有固定项目，包括学位项目、本科生的 4+1 项目，还有跟德国若干所学校搞的博士联合培养项目。希望未来有更多的院校能够派学生到海外的相关国际组织去实习，这个效果客观来讲是特别好的，像北京大学少则有一、两位（每年），多则有四、五位同学去实习。

我觉得要开阔学生的视野，提高国际化的层次。这些年我们分别有些政界领袖和司法精英到访北京大学法学院，包括美国前总统卡特、卢森堡副首相、美国最高法院的法官、加拿大最高法院的法官、荷兰众议院议长，等等。他们都在北京大学法学院开了相关的讲座，对学生影响是比较大的。

（六）开设多种实务课程

我们还开设法律实务课程，以及国际化课程，包括全球讲席和众达律师事务所开的课程。还有就是在课外通过海外实习基地进行培养。这些措施坚持了十几年下来效果相当好，其中一个表现就是在国内组织的若干带有国际性的辩论赛中，北京大学法学院取得了很好的成绩。从 2018 年到 2022 年的 5 年时间里，北京大学学生荣获 30 多项奖项、12 个冠军，2022 年底我们刚刚得了两个冠军，所以现在加起来已有 14 个冠军，其中像贸仲杯我们已经参加了 5 年，4 次进了决赛 3 次得了冠军，这跟我们平常开设相关课程以及对学生的锻炼也是有关系的。

（七）与世界上比较著名的大学联合开设研究中心

包括与美国耶鲁大学法学院、哥伦比亚大学法学院、加州伯克利法学院以及与德国两所法学院，另外还与美国众达律师事务所合作。这六所研究中心是比较固定的，每年我们互派老师和学生进行访问，效果是不错的。我们开设年度的学术会议，比较固定的是北京大学、斯坦福大学、牛津大学三校联合的"法律与公共政策"研讨会，该活动已经持续了七、八年，这个影响特别大，有一年网上直播听众超过了 10 万人次。

另外，我们跟德国马普研究院搞的中德刑法学论坛效果也很好，我们跟香港大学法学院的学术研讨会已经做了 20 年，2021 年刚刚庆贺了二十周年。

从人才培养的效果来看，总体上还是相当不错的。一是受众面比较广，比如全国讲席课程以及众达律师事务所的课程，最开始是向北京大学法学院的学生开放，后来向在京的法学院学生开放，现在是向全国法学院学生开放。当然课程有一定的选拔机制，从人数参加来看一半是北京大学法学院的学生，一半是校外的学生。现在这两个项目在全国已经有 30 多所的法学院学生参加进来，效果也是不错的。

与此对应的人才培养也结出了一定的硕果。从 2018 年开始，我们学院一共有四位学生获得罗德奖，其中三位是我自己的学生，分别是 2012 级本科生张婉愉、2015 级本科生雷琦和 2018 级本科生王丰泉，另外还有一位国际交换学生。这是不容易的。

三、挑战与应对

短期受疫情影响，但终须排除干扰，坚持做实事。我们现在相关涉外法律人才培养工作仍然在做，主要是通过线上进行，包括众达律师事务所的课程、全球讲席的课程，大概每个月会有两期讲座。疫情的影响是短期内我们面临的挑战。

中期挑战。培养什么样的人才以适应国家和社会发展的需要，值得我们进一步思考：国家需要什么样的人才。国际形势一直在发生变化，其实培养涉外法律人才很不容易，但是从另外一个方面说，专门培养的涉外法律人才的就业相对而言选择面比较窄，所以如果社会需求对应不好会影响到学生的就业，这实际上是一个矛盾点。我很希望众多的法律院校能够向国家的相关法律部门共同呼吁，把培养涉外人才的侧重点确定下来。

还有就是人才储备尚需夯实，客观来讲我们国家的涉外法律人才稀缺，所以我们也同样很希望兄弟院校能够跟我们一起把涉外法律人才培养好。

最后谈一点希望，我觉得涉外人才的培养特别重要，我们要去做、实在地做、长期坚持做。在这样一个历史时期，我们还要考虑迎难而上，要克服困难、坚定信心，在一定意义上要淡泊名利、求真务实，要有真正的人力和物力投入。只要我们法学院校团结一心，涉外法律人才培养的明天会更好。

涉外法治人才培养的不同理解和行动抉择

华东师范大学法学院院长　张志铭

涉外法治人才培养是党和国家对法治教育提出的新要求，是推进中国法治建设的当务之急，也是法学教育事业发展的重要机遇和挑战。环顾当下，大家能够感觉到相关的政府部门和政法院校都已经积极地展开布局并已经行动起来。在我看来，行动的成效取决于正确的认识，而其中最为关键的就是对涉外法治人才培养所涉及的学科素养的认识。我们需要制定一份什么样的"营养配餐"才能获得我们所期许的人才产出？

业内外就这个话题到目前为止有密集的交流和研讨，包括今天的研讨会也是围绕着这个主题。我们对这个问题的认识已经呈现出一种显著的认识上的讨论和迈进，从共识形态的角度加以刻画大致是这样的：

起初是将涉外法治人才聚焦于国际法人才，这样一种理解是指涉外法治人才不仅要懂国际法，也要懂国内法、外国法，我们所遭遇和热议的长臂管辖现象强烈提示了我们现如今国内、国外、国际都是高度一体化的现象。除了这个问题之外，涉外法治人才还要特别强调外语，于是就出现了将涉外法治人才归结为"法律人才＋外语人才"的模式。

跟这样一种模式相伴随的问题是：涉外法治人才培养是中国当下"走出去"国家战略的要求，此等人才不仅要懂法律，外语也要好，而且还要懂外交，要了解国际政治，要了解本土国情。事实上，国语不好，外语也不可能真正的好。于是出现了将涉外法治人才培养的要求归结为"法律＋语言＋综合"的模式。

对涉外法治人才培养各种增量形态的认识是，涉外法治人才培养不仅要立足本土而且要放眼世界，不仅要立足法学而且要兼顾相关学科，作为人才培养的一项系统工程只有齐力同行才能促成此事。但是对于学科素养增量要求的无限扩张，使得这项工作的针对性和可行性变得困难，知难行易，否则说得好听实际上却没有好处。因此在涉外法治人才培养上有所为有所不为，作出抉择是必然的，任何抉择都应该有自己的理论。我们国家有那么大的法学教育体量，而且基本上都是体制内办学，不能一哄而上也不能随机行事，否则就会造成巨大的资源浪费。

华东师范大学法学院基于上述梳理和认识，在涉外法治人才培养这个命题作文上作出了自己的抉择，以免于事无补以求有所贡献。我们的抉择是以涉外合规人才培养定位我们的涉外法治人才培养教研工作，主要是根据如下两个方面：

一是基于大国治理的需要。回顾来看，党和国家提出涉外法治人才培养要求的直接起因是我们在走出去的过程中遭遇的各种类别、各种层次的合规审查问题，如华为事件、中兴事件中各种人权领域的争议和交涉。很大程度上说，涉外法治人才培养就是涉外合规人才的培养，合规在当下世界已经成为比合法更具有实用价值的话语。

二是基于自己的禀赋优长的抉择，华东师范大学法学院是体量小微的法学院，在2017年3月就成立了全国高校首个企业合规研究中心，从这时起到国内高校中首个在与十几个国家长达两年的竞争中申报并获批立项现在已经完成的由世界银行和西门子集团支持的合规项目，再到目前为止已经形成了完整的企业合规人才培养的教研架构，都使得我们形成了一个确信，即我们可以从涉外合规的角度展开涉外法治人才的培养工作。

关于小语种涉外法治人才培养问题

广东外语外贸大学法学院院长　陈云良

广东外语外贸大学具有语种比较多的优势，从而开展小语种的涉外法治人才培养。中国政法大学和西南政法大学等高校也都在做这方面的工作，中国政法大学还和北京外国语大学合作招收小语种的学生来学习法律。但是小语种涉外法治人才培养的课程如果也和其他学生一样基本上以国际法为主，那么能否发挥小语种的优势，将来能否真正到这些小语种国家去开展法律业务，这是一个问题。

小语种涉外法治人才的培养需要熟悉小语种国家的法律。虽然我们国家这么大，有这么多法学院校，有庞大的教学科研队伍，但我们对不同国家的法律制度的研究和了解实际上还是很不够的，就算是美国，国内现在精通美国法的人到底有多少尚未可知。培养小语种涉外法治人才有一个难题，如果要教育学生学习小语种国家的法律制度，则存在师资匮乏的问题。在和实习单位合作的过程中，我们和深圳一家律所交流，发现他们有一个团队专门做墨西哥及其他西班牙语国家的涉外法律业务，团队中有几个也是我们学校毕业的学生。我们一拍即合，准备开一个墨西哥经贸投资法律论坛。因为他们跟墨西哥交流比较多，和墨西哥驻华大使取得了联系。深圳前海管理局一听到这个消息就很感兴趣，马上说要参与举办这个会议，加强与墨西哥以及其他西班牙语国家的经贸投资往来。我们现在有一些企业想去墨西哥投资办厂，以避开美国的直接制裁行为。因此，市场需要懂西班牙语、懂墨西哥法律的涉外法治人才。

不要总是认为培养人才一定是在学校读书上课。我们想通过会议这种短平快的方式来快速培养小语种涉外法治人才。通过开会找到有需求的企业，找到既懂小语种语言又懂这些国家法律的人才，把大家召集在一起来交流、探讨，我觉得这可能是比我们在学校教育学生更有效、更直接的培养小语种涉外法治人才的方法，有事半功倍的效果，这也更直接地服务党和国家对外开放特别是对于小语种国家开放的要求。

百年未有之大变局下，美国的挑唆阻挠行为使我们更需要和小语种国家进行广泛的合作和联系。南美这么多国家官方语言是西班牙语、葡萄牙语。和这些国家开展贸易往来，特别需要既懂西班牙语、葡萄牙语，又懂这些国家法律的法律人才。

我的建议是培养人才的方式要多样化，不是简单地固定在课堂里教学、讲课，这种开会议的方式可能效果更好、更快。我们原计划在2022年召开"中国—墨西哥经贸投资法律论坛"，和墨西哥驻华大使也谈了几轮，因为疫情影响只能推到2023年。2022年是中墨建交50周年，本来是一个很好的机会。

后来考虑到我们离澳门近，和葡语国家取得联系比较方便，所以还准备开一个"葡语国家经贸投资法律论坛"。此外，我们也和珠海的横琴新区在联系，他们也很感兴趣。深圳前海对葡语国家经贸投资法律论坛也很感兴趣。我想通过会议的方式来解决师资不够、尚不能直接教授小语种国家法律制度的问题。另外还能够更好地、更快捷地解决国家对于小语种涉外法治人才的需求短缺问题，也期望得到各一流法学院的支持。

新时代中国式涉外法治人才培养的探索与特色

中山大学法学院副院长　　陈毅坚

对于涉外法治人才的培养，中山大学法学院长期积极探索，开设的英美法全英班和涉外法治实验班等特色项目，同时入选了教育部和司法部首批涉外律师和国际仲裁的法律硕士培养项目。

北京大学潘剑锋院长提到输送学生到国际组织学习的重要性，在过去五年，中山大学也选派了多名学生到联合国国际法委员会、国际海洋法法庭等国际组织进行学习。2022年有一名博士生入选联合国国际法院法官助理项目，该项目每年在全球范围内选拔不超过15名优秀法科学生参加到法院的司法工作中，该生是2022年入选的唯一一名中国籍学生。

针对涉外法治人才培养，我想谈三点比较具体的思考。

一、在涉外法治人才培养的基础上，加强师资引育

充足而且优质的师资是涉外法治人才培养的根本，涉外法治人才的新要求对老师的语言能力、知识储备和实务经验都提出了更高的要求和更严峻的挑战，因此，有必要进一步完善跨院校教师交流、交换和协同育人的机制。比如，可以建立涉外法治人才培养的高校联盟，实现优质的师资和教学资源的共享，尤其是促进不同领域有所专长的涉外师资人才联动联通。例如小语种师资人才，不是所有学校都有比较充足的师资，可以通过这样一种交流交换的方式推进整个国家在法治人才培养上的进程。

二、在涉外法治人才培养的目标上，重视跨文化能力建设

所谓跨文化能力指我们要在不同的文化背景下，跟不同文化背景的成员一起在日常、商业和法律场景等一些环境下进行高效工作的能力。在涉外法治人才培养的背景下，跨文化能力实际上要求我们的法律人才要具备在不同法文化的背景下相互交流和共同研究的能力，要能够去了解和驾驭文化之间的差异。我们国家现阶段在涉外人才培养方面更为强调的是对语言、对法律事务技术的处理能力，但是对于跨文化能力的训练重视不够。

但是这种能力的培养是非常重要的，就像刚才张志铭院长提到的语言对于法律人才是非常基础的这一点。法律语言是法律文化的载体，因为法律文化有差异才会导致语言上的差异，通过提升跨文化的能力可以弥补语言上的短板。通过了解文化可以更好地把"文本上的法"转化成"实践中的法"，同时也有利于涉外法治人才求同存异，能够跟不同文化的人交流互动。在培养目标里可以尽量地去强调对跨文化能力的培养，包括跨文化的交流能力、沟通能力和理解能力以及整合能力等等，这些都可以纳入培养目标。

同时也要建构跨文化能力培养的课程体系。有学者提出跨文化能力可以包括三个层次的目标：一是认知目标，二是情感目标，三是技能目标。我们可以围绕这几个层次来具体地去开展。比如，可以开设一些在跨文化能力方面具有先导性的必修课程，同时也可以把法律的语言课程跟跨文化能力培养的课程结合起来。另外在法律实践课程中专门设计一个单元进行跨文化因素的总结，比如跨文化的谈判课程。同时我们也可以尽量地去营造多文化的环境，比如，可以让法科留学生跟国内学生一起参加法律实践活动，提升同学们在跨文化交流和沟通上的能力。

三、在涉外法治人才培养的模式上，进一步革新现有培养模式，推动课程内容上的深度融合

我大致地考察了现在国内各大院校涉外法治人才的培养项目，总体上是通过涉外实验班或者特色项目开展，另外还会辅助一些交换项目、联合培养项目或者涉外

的一些国际讲座，等等。这也取得了一定的效果，总体上可以把现在所采取的模式归结为沉浸式，主要通过交换或者参加夏令营或者双学位的项目让学生沉浸式地学习他国文化。

这种模式当然也存在一定的不足，在接下来的涉外法律人才培养上可以进一步探讨怎样用更为融合的方式来提升法治人才培养的质量。比如，可以通过优化课程内容，在第一学年就开设涉外课程，这样既可以扩展所有学生的国际化视野，提升他们的兴趣，同时也能够真正地去吸纳一些有潜力或者真正有兴趣去参与涉外法治学习的学生。现在包括涉外律师项目都是在入学的时候选拔学生，但是在学习的过程中因为学习难度非常大，普遍会遇到学生没有持续动力的问题。如果我们能够在第一学期先开设涉外课程，那么可以吸引更多的学生参与，这是非常重要的。

同时，可以增加一些比较法的模块，我国涉外法治人才的培养，一开始更多聚焦在国际法的课程增设上，但现阶段要更多地探讨怎样在国内部门法包括实践课程里更多地融入涉外元素，而不是单纯地增加国际法或者涉外法的课程。怎样在整个国内部门法里融合进去涉外因素，当然这有很多的方式可以去思考，比如，一方面，可以在部门法的课程里专门设一章或一个单元做一个比较法的专题，或者在第二课堂里用比较法专题做课后的研讨。另一方面，在实践课程里去邀请更多的具有实务经验的律师、仲裁员参与课程，包括培养方案的制定以及课程开设，甚至学生的指导过程等。现在中山大学在实施的涉外律师项目、国际仲裁项目就是采取这样的模式，在国内法的课程里引进了涉外实务人才的参与。此外，还应该打破部门法之间课程的壁垒，可以以某个专题作为课程开设的主题，比如涉外的纠纷解决机制的课程，来打破不同法之间的壁垒。

涉外法治人才培养的学科基础与核心能力

武汉大学法学院院长　冯　果

武汉大学和兄弟院校一样，在不断地推进涉外法治人才的培养，我主要谈两个大点。

一、中国式现代化对于涉外法治人才提出了什么新要求？

中国式现代化是党的二十大提出的创新性命题，它有丰富的内涵，其对法学教育和法治建设提出了很多新的要求。对于如何去实现中国式现代化，党的二十大报告已经作了全面部署，其中有三点与涉外法治人才培养和教育是密切相关的。

首先，党的二十大报告提出"中国将坚持对外开放的基本国策，坚定奉行互利共赢的开放战略……推进高水平对外开放"。因此，涉外法治人才培养也应该服务于高水平对外开放。其次，中国将坚持全面依法治国，在法治轨道上全面建设社会主义现代化国家。法治中国建设要求将法治意识和法治思维贯穿于社会主义现代化建设的各个环节，特别是要加快重点领域立法、完善涉外法治、统筹推进国内法治和涉外法治，为此需要加快涉外法治人才培养。再次，中国将积极推进全面参与全球治理体系改革和建设，践行共商共建共享的全球治理观，坚持真正的多边主义，推进国际关系民主化。全球治理体系的改革和建设需要培养具有中国立场、国际视野的涉外法治人才。

总之，新时代新征程需要我们进一步正确认识和把握世界之变、时代之变、历史之变，坚持在法治轨道上全面推进高水平对外开放，坚持统筹推进国内法治和国外法治，并为推动建立国际新秩序积极注入"中国力量"，这是新时代法治中国建设的需要，也是涉外法治人才的重要使命，涉外法治人才培养任重道远。

二、涉外法治人才需要着重处理的几重关系

我认为涉外法治人才当务之急是处理好如下几组关系：

一是职业性和专业性之间的关系。涉外法治人才是参与法治建设、统筹推进国内法治和国际法治的力量，是中国特色社会主义法治人才队伍的有机组成部分，包含专门立法、执法、司法队伍，也包括法律服务队伍和教育研究队伍。长期以来，我们比较注重法律人才的职业化教育，强调执业能力的培养。与其他法律人才一样，涉外法治人才主要是职业人才，但是不限于职业人才，专业化不等同于职业化。面对复杂的国际形势，我们不仅需要涉外律师、国际商事仲裁员、外交官，也同样需要高端的针对国际问题的研究队伍和研究人员。因此，涉外法治人才培养不能仅仅满足于职业化，要更多地强调其专业化。与之相适应，涉外法治人才的培养就需要有不同的层级，通过不同的层级来解决不同层次的人才培养问题。也就是说，在某个阶段重点解决职业化问题，在高层人才培养方面需要解决理论储备和理论素养问题，不能单纯强调执业技巧。

二是国内法与国际法之间的关系。涉外法治人才必须掌握国际法体系，英美法、欧盟法等重要国别区域法体系以及我国国内法体系。很长一段时间内，我们把涉外法治人才狭隘地理解为国际法人才。武汉大学在推进国际法建设的同时也深刻地认识到，作为我国法治人才队伍的一部分，涉外法治人才必须精通中国的法律制度，其中我国可以有效应用于域外的法律体系是重中之重。熟知善用我国法律制度，特别是可以于域外适用的法律制度是涉外法治人才必须具备的能力。因此，武汉大学尽管恢复了国际法本科的招生，但是在本科招生阶段特别重视国内法开课的比重，在此基础上突出涉外法的内涵。

三是法律语言和外语能力之间的关系。涉外法治工作离不开法律，提升中国的话语权是涉外法治工作的重要目标。在对外交往中，我们需要改变以外国语言作为外事工作队伍的衡量标准，要把法律的语言应用作为重要标准。我们也必须注

意，国内法也好、国别法也好，本身就是一种或者几种法律语言。我们学习国别法和国际法等涉外法律不能靠翻译后的语言，而应通过表述国际法和国别法的语言来学习。我们在应用这些法律知识的时候不仅用中文和别人交往，更要应用国际通用语言进行交流。所以说，这种语言的能力是非常重要的。目前，在我们的人才培养过程中存在着法律语言和外国语言脱节的问题，因此，我们认为涉外法治人才的培养中，语言能力的训练必须立足于法律外语能力的训练。武汉大学法学院在本科阶段就有德语法律和法语法律双学位实验班，其目的就是实现法律和德语语言、法律和法语语言的贯通，在创办国际法实验班的过程中，进一步加大法律英语的训练力度，邀请联合国等国际组织官员通过各种系列的讲座来提升法律和语言的应用能力，进一步提升涉外人才培养质量。

总体来讲，涉外法治人才是一个系统工程，我们对涉外法律人才的培养也基于一种系统观和全面观来正确处理。武汉大学法学院也希望与兄弟院校一道在涉外人才培养中共同探索、共同进步，服务于国家战略。

涉外法治人才国际化与本土意识的协调培养

上海师范大学哲学与法政学院院长　　蒋传光

培养高质量涉外法治人才是日益激烈的国际法律竞争的需要。目前涉外法治人才培养受到高度重视，也成为法学教育研究的热点和重点。我国为涉外法治人才培养先后出台了一系列的文件。改革开放以来，我国一直都对涉外法治人才有迫切的需求，特别是在加入 WTO 以后，随着国际贸易交往的频繁、国际纠纷数量的增加，这种需求也更加迫切。但是，我国涉外法治人才储备还无法适应这一需求。

涉外法治人才培养目标具有多元性，多元性可以体现在以下几个方面：（1）具有道德感；（2）具有国际视野、通晓国际规则；（3）具有统筹国内外法治、协调推进国内外法治的能力；（4）德法兼修；（5）擅长沟通，善于处理各种涉外法治事务。为了达到这种涉外法治人才培养目标，培养的内容也应当是多元的。这种多元应该包括建立多语言的法律知识体系、培养多语言的专业沟通能力、建立复合价值思维模式、提升国际法律社群的参与度、构筑本土思维与服务意识。这些培养内容目前存在着一些成效范例，现实的培养实践也证明了单纯加强专业教学、法学与外语双专业培养、国内外联合培养和利用海归人才都无法达到这种目标。要改变这种现状、要克服目前既有存在的问题。具体怎么做？下面谈涉外法治人才培养要确立多校并行的协调培养理念。

涉外法治人才培养是一个社会协作系统。从社会协作层面来看，要先培育涉外法治服务的国内市场，涉外法治人才培养难，重要的原因在于市场的缺乏，主要有以下原因。

涉外法律关系的当事人法律意识不强。虽然我国每年都有大量国际贸易投资和其他经济纠纷，但是涉仲裁比例极低。这并不是因为我国涉外法律事务涉及的纠纷少，而是当事人国际维权的意识差，很多人在遭受损失以后把对方违法违约当成是客观风险，被动接受。一方面是因为涉外法律市场缺乏，所以涉外法治人才培养难；另一方面，涉外法治人才培养难，涉外法律市场就更难培养。两相比较，当下主要还是从涉外法律人才培育的角度突破，这是一个根本性的问题。

涉外法治人才国内社群尚未建立。与培育涉外法治服务国内市场对应的是建立和扩大涉外法治人才国内社群。换句话说，要形成具有一定规模、联系紧密、具有共同知识背景和经验基础的涉外法治人群。法律市场是社群的基础，社群是市场的促进和保障。影响涉外法治社群形成的主要原因是市场缺乏，当然，还有其他原因，其中一个就是目前的涉外法治人才主要集中于律师事务所，但是较专业的律师事务所也是比较少的。我国的律师主要是以单打独斗的方式执业，相互合作沟通也比较少，这就造成了我国涉外法律服务社群难以形成的局面。

涉外法治学科的吸引力有待提高。涉外法治学科目前不具有特别吸引力，法学专业学生就业率比较低，涉外法治学生就业也没有特别优势。在法学当中涉外法学并没有在法学学科当中占有优势。从协作层面来讲，就涉外法治的教育基层内部来看，首先要完善包括涉外法律知识在内的多知识体系的法律专业基础教育。刚才有些教授讲过，法律专业基础教育是所有法律从业者都应该接受的教育，将涉外法律知识融入基础教育的体系有助于所有法律从业者在遇到涉外法律问题时具有基础认知。

根据我国现在的法律专业基础教育状况，需要从以下几个方面进行改进。

第一，从本科教育的角度，不仅要加强国际法课程和外国法律史的教学，更应该新增加比较法、国别部门法等有助于建立涉外法律知识体系的课程。从研究生的角度来看，可以增加针对涉外法治的专题研究课程供学生选修，其关键在于使学生建立一个多元的法律知识体系，而非单纯固定在国内法的思维模式之中。

第二，要建立全类培养的实务教学。全类培养是指面向涉外法律人才可能的各个职业方向培养，主要包括外交法律人才、国际组织法律人才、国际民商事纠纷解决人才、国际民商事风险控制人才、国际法律教育人才，等等。不同人才的知识要求不同、技能要求不同、实务训练也不同。尽管如此，他们之间也可以形成统一的社群，甚至各事业之间可以相互流通。所以我国培养涉外法律人才需要注重全类培养实务教学。

第三，探索集中的精英式教学。我国涉外法治人才培养目标要高于一般的学科要求，培养内容复杂多元，既要有多元的法律知识体系，还要有多语言的专业沟通能力、符合价值的思维模式、一定的国际法律社群参与度和本土思维与服务意识，基于这种情况探索精英式的教学应该是涉外法治人才培养的重要途径。精英式教学主要包含以下几点：择优录取、资源配置、标准提升、考核淘汰、学历认证。

涉外法治人才培养的重点与难点

上海外国语大学法学院院长　张海斌

关于"涉外法治人才培养的重点和难点"问题，我想简单谈几点想法。

一、涉外法治人才的外语能力

众所周知，法学课程体系的"国标"是"1+10+X"，我觉得"1"固然是很重要的（即习近平法治思想概论），但是对于涉外法治人才培养来说，"1"后面还要加一个"1"，"1+1+10+X"，后面这个"1"，应该就是外语能力。毕竟，如果没有扎实的外语能力，没有卓越的跨文化交流能力，涉外法治人才培养就丧失了"质的规定性"，就不成其为涉外法治人才。换言之，外语能力不是万能的，但没有外语能力，对于涉外法治人才来说，却是万万不能的。

最近，我参加了华东政法大学涉外法治学院组织的一个人才培养的研讨会，发现华东政法大学的涉外法治人才培养方案就特别重视课程体系中的外语能力提升课程模块，包括外语能力养成课程模块和全英文法律课程模块，甚至外语学分达到了总学分的 1/3（我看到的仅是讨论稿，最后定稿可能会有调整）。这里面也可以看出一个共识：外语能力是涉外法治人才培养的一个重点或难点，即在培养过程中如何去提升学生的外语能力或跨文化沟通能力。

上海外国语大学法学院提出来的人才培养理念是努力培养具有国际视野和跨文化沟通能力、法律功底扎实、外语技能精湛、能胜任涉外法务与国际法务的复合型涉外法治人才。这里面，我们对于外语能力这块，提出的标准是"技能精湛"。这首先是上海外国语大学本身的专业特色和优势决定所的，同时也符合涉外法律服务市场的要求。这些年我到很多律所走访和交流过，有一个基本共识，就是一般的外语能力是达不到国际法律业务或涉外法律业务要求的，必须达到"精湛"的程度，"半吊子"外语能力是不能顺利完成涉外法律服务任务的。

刚才广东外语外贸大学法学院陈云良院长也讲了小语种或者说战略语种涉外法治人才的培养问题，我觉得这是我们国家涉外法治人才培养中的短板或者瓶颈，特别是在我国推进"一带一路"建设和为企业"走出去"提供法律服务的过程中，小语种或者非通用语种涉外法治人才的稀缺问题，显得尤为突出。这些年，在全国"两会"上也常见到人大代表和政协委员做这方面的呼吁，希望国家重视。我们曾在上海专门做过调研，在法律服务领域内，97% 左右还是以英语为主，小语种局限在德语、俄语、日语、朝鲜语、法语等几个语种，很多小语种基本上没有（当然，有些可能没有统计到）。大家知道，在"一带一路"推进过程中，很多法律服务涉及沿线国家内部法律层面，需要大量既懂法律又懂该国语言的多语种涉外法治人才，需要我们开始重视这块人才的培养工作。

上海外国语大学法学院从 2015 年开始，就在学校的大力支持下，探索培养多语种涉外法治人才。在读法律硕士研究生掌握的外语涉及 19 个语种，已经粗具规模、初显成效。我粗略数了下，里面至少有 6、7 个语种能够填补上海乃至全国涉外法律服务的语种空白，意义很大。记得有一次，上海一个区的某个部门要找一个能够做波斯语翻译的人员，最后找来找去，找到我们，因为我们法学院就有波斯语方向的法律硕士。所以，小语种涉外法治人才培养这块，虽然需求量不大，但关键时候会"卡脖子"，或者会构成涉外法治人才培养中的"卡脖子"问题，所以这些年我们上海外国语大学法学院利用学校的特色和优势，努力探索培养多语种涉外法治人才，这是对接国家战略的需求，也是谋求错位发展、差异化发展的要求，我们在努力把它做好，并做出特色和成效。

二、从多元化的角度理解涉外法治人才

在我看来，我们传统的涉外法治人才的专业定位还是有点窄，以前是比较侧重

于国际法，甚至网上有些观点认为，涉外法治人才就是国际法人才。这种认识和观点从历史语境上看，具有一定的合理性。但是，从现在的国家战略需求角度来看，随着我们对于涉外法治的理解不断深化，我觉得涉外法治人才的专业定位应当拓展到外国法和比较法领域中去，包括其他的部门法等领域。毕竟，现在国家"走出去"战略、"一带一路"的推进，有些时候倒未必涉及国际法，相关语种国家内部部门法（比如劳动法、环境法、税法等）倒显得越来越重要。2021年，在全国法学院就业压力比较大的背景下，我们多语种法律硕士班就业率达100%。里面的原因是，很多小语种法律硕士被企业招过去，外派到该小语种国家给它们提供企业法务工作，这就很"适销对路"，既懂这个国家的语言，又懂点这个国家的相关部门法，比如劳动法（涉及在当地用工的问题），还有环境法（涉及环境评估），等等。所以我们在进一步加大国际法人才培养力度的同时，有必要进一步拓展涉外法治人才的专业维度，拓展到外国法及相关的部门法领域中去。

从涉外法治人才培养的多元化角度来看，我感觉应该有以下几个维度：有些涉外法治人才培养主要是服务于国家在国际法律领域的斗争，在专业上侧重于国际公法方面，所以复合的知识结构里需要的是国际政治、外交学、国际关系，等等。有些是服务于"一带一路"企业走出去战略的，为这些企业提供相关的涉外法律服务。因此，涉外法治涉及的不一定是国际法，可能是外国法、国别区域相关的法律知识，还有一些是服务于国际经贸法律领域中的法律服务。另外有一些是服务于国际组织相关的法律工作的，准备去做国际公务员。当然，从上海外国语大学的角度来说，还有一个重要维度，就是服务于中外法律交流与传播、服务于中外法律文明互鉴、服务于对外讲好中国法治故事。所以，我认为不同的国家战略需求，不同学校的优势和特色，决定了我们必须开展多元化涉外法治人才培养，决定了不同的法学院必须走特色化、差异化的发展道路。

三、培养涉外法治人才复合的知识结构和能力结构

我很赞同刚才蒋传光院长的观点，即我们的学生首先法律功底要扎实，如果说基本法律知识体系都没有搭建起来，没有基本的法律意识和法律素养，我们的法治

人才培养就没有合格，我们的培养目标就要落空。但是，除了扎实的法律素养以外，涉外法治人才培养还需要有复合的知识结构和能力结构。即除了法律知识体系外，还要有相关的国际政治、国际经贸、国别区域学、世界历史等协同知识体系。从上海外国语大学法学院的课程体系来看，我们就正在努力探索这种复合型的课程体系，包括法律基础模块、国别区域法治模块、国际法模块和法律前沿模块、涉外法务模块和语言模块等。这些课程体系设置的效果如何，需要时间和实践来证明。

所谓复合的能力结构，在我看来，不仅包括从事法律专业所具备的各种素养和能力，譬如法律推理能力、法庭辩论能力、法律检索能力、法律文书写作能力，还需要其他虽非法律专业但对于解决法律问题而言极为重要的能力，譬如意志力、领导力、执行力、组织力、沟通力、学习力，等等。在思维方式上，不仅要有法律思维，也要养成有历史思维、辩证思维、系统思维、创新思维。我们在经验中经常发现，一个法律人能够在多大程度上实现自己的专业理想和人生抱负，固然受制于他的法律专业能力，有时候更关键的则取决于他身上所具备的其他能力结构，而且，这些能力还会极大地影响法律人专业能力的研习与训练成效。

四、建立有效的国内外联合培养机制

涉外法治人才培养的重中之重，是要建立有效的国内外联合培养机制。众所周知，我们国家十几年前就开始大张旗鼓地推进涉外法律人才培养了，当时在全国设立了不少培养基地，影响也很大。有些省份也相应地推进了当地的涉外法律人才培养基地遴选。比如，上海就设立了九个涉外卓越法律人才培养基地。这些基地建设效果如何，我没有看到相关数据，不敢、也很难作出准确判断。但是，一个无可否认的事实是，今天我们国家依旧面临着严重的涉外法治人才荒。这至少说明，如果我们现在按照以前的方式来培养的话，那么是走不出这个怪圈的。检讨其原因，我觉得最大的问题是国内外联合培养机制没有做好、做实。

国内外联合培养应该包括两部分，一是"走出去"。昨天我参加华东政法大学的研讨会，就提出我们的学生一定要走出去，至少出去半年，其实半年也未必够，最好能一年。如果没有海外交流经历、海外实习经历，没有在海外真实的语境和环境下从事较长时间的法律研习和实践，而继续在国内闭门造车式培养，可能我们新一轮涉外法治人才培养的效果也不会太乐观。虽然，跟以前相比，新一轮涉外法治人才培养可能会有一些新特点和新变化，但我相信变化不会太大。另外，即便是"走出去"，从涉外法治人才培养的定位来讲，除了以英语国家为主外，也要考虑不同语种、不同法系、不同法律文化、不同国别与区域的区别，尽量能丰富和拓宽学生交流的国际法律视野。

"走出去"，除了进行法律研习外，还包括实践、实习的维度。前天，我在网上专门搜索了一下国内法学院学生在国际组织实习的情况，发现这个比例是很低的。甚至偶尔还能看到有些学校因为个别学生参加了国际组织实习，还专门写了新闻稿进行报道，可见实在很稀少和稀奇。这种情况最近几年有些变化。我也看到了一些法学院在大力推进并取得了较大突破的报道。记得去年，华东政法大学牵头沪上一些法学院研讨了上海涉外法治人才的培养问题，大家都觉得学生的海外实践，特别是在国际组织的实习，涉及很多问题，仅仅靠一个学校甚至一个法学院，都很难真正推进。我当时就建议，应当由上海市去牵头联系一些国际组织，为整个上海的法律院校提供国际化的协同实践基地，这样做可能难度会小一些、效果会好一些。当然，各个培养单位也要继续按照各自的目标定位去开拓符合自己特色的海外实践基地。这是"走出去"的维度。联合培养的第二个维度是"请进来"，努力提升教师队伍的国际化程度和课程的国际化程度，等等。

五、探索引入订单式的培养模式

涉外法治人才培养，如果考虑到国内外联合培养，成本是非常高的。而且，从国家这十几年的培养成效来看，成才率是很低的。我看到一个比较权威的数据，据说在今天，国内能够熟练办理涉外法律业务的律师只有7200多名，能够办理"双反、双保"（反倾销、反补贴、保障措施和特别保障措施）的律师不到600个。能够在国际贸易组织上诉机构独立办理业务的律师只有300多名，这个数据的确很出乎我们的意料。

涉外法治人才培养出来，就业出口很重要，否则我们辛辛苦苦地花了那么多精力、心思和代价把学生培养出来，最后就业的时候找不到工作，目标就要落空。或者，可能学生找的工作没有涉外法治元素，最后到基层做了执法工作者，或到仅从事国内业务的律所做律师去了，甚至有些工作既不"涉外"，也不"法治"。无疑，从涉外法治人才培养来说，这也是一种目标落空。所以，我们要探索引入订单式的培养模式，特别是对上海外国语大学多语种涉外法治人才培养来说，更是如此。有些特别稀缺的语种，虽然非常有战略意义，但法律服务市场未必刚好就有需要，辛辛苦苦招进来、培养出来，因为各种不巧，可能最后未必能找到匹配的工作。所以，订单式培养"看上去很美"，但在实践中还是很难真正推进的，或者需要许多配套的条件和举措。前几天，我跟一个资深法学家在聊这件事，都觉得订单式这个概念很漂亮，但要做起来很难。毕竟，一个涉外法治人才实验班不过30多个人，这个律所订几个，那个企业订几个，几个订单就包销了。但是，按理说，既然是订单式培养，那你的培养目标定位、培养模式和课程体系，你学生的知识结构和能力结构等一套东西，就应该适应订单方的要求，要体现出订单式培养某种"度身定制"的特点，但实际上能做到吗？我看很难。毕竟，一个实验班的培养方案大体上是一样的，不可能细分培养。所以订单式培养这个理念比较好，要做起来会有一些具体困难。除非，比如一个企业直接向法学院下一个几十个人的订单，那这个班的确可以按照涉外企业法务模式来培养，但这种情形还是比较少、比较理想，不能作为一种常态。不过，在我看来，即便面临很多困难，订单式的培养模式还是值得我们去探索的。毕竟，它代表了一种人才培养的新理念和新趋势，里面需要我们跳出现有的思维定式，用一种创新性思维去推进。

涉外法治人才培养的实践与思考

复旦大学法学院院长　王志强

关于"涉外法治人才培养"，我这里简单谈三个方面的问题：为什么培养、如何培养和谁来培养。

关于为什么培养，刚才各位同仁都讲到，法律实践的需求、维护国家利益的需求都是非常重要的因素。同时，还应该看到，这也是中国不断发展成长、融入和引领世界的需要，是中国的国际影响力增长在法律领域所提出的挑战和需要。在这个意义上，对于涉外法治的推进、对于涉外法治人才的培养，不仅仅是被动应对的问题。在 100 多年前，中国面对着西方压力，起初认为通过坚船利炮的引进就可以解决中国国力相对弱小的问题。实际上，历史证明这是不行的，仅仅关注器物层面和短期的实践需求，不能够解决根本、长远的问题。近代以来的变革也昭示了中国从制度和文化层面全面的提升，才能实现深度转型和长远发展，才能具有更广阔的包容力、更深刻的理解力和更强大的引领力。从这个意义上来理解涉外法治人才培养的需求和任务，我想这或许是我们可以进一步思考的方向。

关于谁来培养，复旦大学法学院在这方面也做了一些尝试和努力，目前与 15 所境外合作院校建设了双硕士项目，包括美国西北大学、圣路易斯华盛顿大学、欧洲的法兰克福大学、亚太地区的新加坡国立大学以及中国香港特区的香港大学等著名法学教育机构。刚才提到，我们的培养目的是提升中国在制度和文化层面的深刻理解力和强大引领力。因此在人才培养方面，我们的学生需要能够走出国门，需要更广泛地融入和理解这个世界。仅仅在文本上学习了解国内国外法律制度还不够，还需要对海外社会文化方方面面的不同有更多的了解和理解。通过更多地走出去、更大的开放度和更强的融入感，使同学们能够有更多获得感、更宽广的视野。

关于如何培养，每次向学校汇报新的双学位项目时，校长都会问：我们怎么解决意识形态的安全问题，送出去的学生回来还能够有坚定的立场、能够有国家的忠诚度吗？我当时有一些回应，也有一些个人思考。我们为什么会有这个担心？根本上源于我们的基础理论研究和教学不足的问题。关于西方的理论学说和法律实践，为什么我们担心这些会对学生有更强的蛊惑力影响力？因为它们具有强大的文化基础和理论深度，它是一字一句、一砖一瓦，长期努力建构起来的庞大的思想体系。近代以来，中国是在不断地吸收、引进和学习西方经典理论的基础上发展自己的法学理论，包括马克思主义也是西方理论体系的组成部分。现在我们提出中国式现代化的理念，在人才培养中，需要我们在基础理论的研究上进一步深化夯实，使学生能够具有更坚定的国家忠诚度和对我们制度的自信力，不仅是通过简单的法律条文学习和制度层面的理解，还需要在更基础的层面上、在理论构建上有更强的自我说服力和对外传播力。

英美法教育与涉外法治人才的探索

上海财经大学法学院院长　宋晓燕

从学院人才培养的角度来谈。上海财经大学（下称"财大"）法学院从 2012 年开始做英美法教育，涉外民商法领域当中英美法的应用比较常见，特别是在国际金融交流中心、国际经济交流中心等承办的各类交流活动中。在承担国家战略任务的过程中，很多活动需要落地，比如说合同就要具体的当事人来签订，而合同签订就涉及证据法、管辖权条款，等等。在港仲和新加坡国际仲裁中心涉及的证据法中，首要的选择还是英美法，特别是英国法，选用的第一语言是英语。这是现实问题，如果在涉外法治人才培养上能够正视这个问题，可能会给我们法律人才培养的探索会带来一定的启发。

各家法学院在培养的时候都会去思考为什么要进行涉外法治人才培养，原因可能有人才培养的规律、社会发展需要、国家战略需求，等等。我想强调的是我们有这么多家法学专业的院校，大家都关注人才培养的问题，我们按照什么思路去思考。市场的需求、国家战略需求这些恐怕是我们在培养人才的时候非常重要的导向，这就是我们经常谈的需求和供给的重要原理。

涉外法治人才培养的路径因各高校所处的地理位置不同而存在差异。朱义坤院长身处南方重镇，他所面临的情况跟长三角和在北方和在西部都不一样，所以大家可以按照自己的需求和约束条件等实际情况进行分类培养。虽然有很多学院想做一些事情，需求可能很多，可是各学院自己的约束条件不一样。比如说有一些学院在国际化的问题上资金基本上不构成约束条件，所以其在国际化项目当中确实是可以做一些比较大的项目，但是如果其在相关资金上有一定的约束条件，就需要按照相应的资金盘来做相应的设计。

不管怎么样，涉外法治人才培养的一个很重要的方面是严格控制课程的质量。涉外法治人才培养并不是在培养方案中有几门课就可以了。这里面每门课程不管是自己老师单独上还是和实务导师一起上，都需要在培养的质量上严格把关。另外，仅仅强调课程是不够的，还要满足在国家战略需求方面增加供给、创造系统化的培养氛围等多方面的要求。以财大法学院为例，我们外国留学生也比较多。财大法学院的本科、硕士、博士规模也不小。因此，2012年开始，我们从本科学生中设置了一个英美法班，硕士层面有国际组织人才基地班，博士有博士双学位、博士双联项目。

财大法学院对于涉外法治人才培养的定位是成就涉外财经的卓越法治人才。对于中国来说，是培养卓越的国际化财经法律人才。对于外国留学生，我们提供相应的全英文项目，希望能培养出知华友华的财经法律人才。在具体的措施上，首先是要大家互相了解，了解不同的市场、不同的文化、不同的理念，大家互相了解完之后再是理解，理解之后包容，包容之后形成合作，通过这种方法形成知华友华的氛围。

我们刚才讲要按照国际国内市场商业需求进行项目设计，比如设立英美法证书班、国际组织人才培养基地班等项目。事实上，各高校围绕这个问题开了不少会议，以讨论如何理解这个层面的涉外法治人才培养。其实理解不同，培养的方式也都是不一样的，比如涉及政府间国际公法方面的组织，还是涉及经济类的组织，或是涉及非政府间的其他类型的国际组织，需求都是不太一样的。

我们结合上海财经大学本身的定位，同时结合国际组织方面的需求进行培养，然后把金融、法律、会计等做统合式的培养方案，所以大家会看到我们针对性的目标还是比较明确的，尤其是一些国际经济类的国际组织。这是根据相关需求也是根据自己供给能力以及财大本身的学科优势进行匹配的。在课程设计上如何把握课程质量，需要每家学院结合自身的学术条件，尤其是供给能力有多强。比如说英美法证书班，因为财大的校领导比较早就支持这块，所以在师资队伍上有专门的英美法教学团队，这样的话可以设计比较充分的课程。除此之外，在整个课程设计上还要对照参照目标。我们在涉外财经类的法治人才培养中，除了设立英美法证书项目，还有相关的金融法律、公司法律、财税法方面等相关的证书项目结合到一起进行。

另外，我们还有非常重要的实务导师共享教育。上海的实务老师英文说得好的也是非常多，而且这些导师的理论和实践水平也都相当高。他们对市场的理解、对法治的理解的平均水平非常高，这些导师来自律师界、法官界、检察官等各领域，其理论和实务水平也都是比较高的。所以这样的话，我们自己的老师再加上实务导师，在整个涉外法治人才培养的过程中形成优质的师资团队来共享教育。总之，上海财经大学法学院以英美法教育为抓手，促进法治人才培养探索。

涉外法治人才培养的学科基础与核心能力

宁波大学法学院院长　梁开银

宁波大学作为地方性高校，同时也是国家"双一流"建设的综合性大学，我们的涉外法治人才培养也正在探索过程中。现在我把我的思考跟大家作一个简单的汇报。

一、涉外法治人才培养的学科基础

如何正确理解和把握国际法治、涉外法治和国内法治三者之间的逻辑关系，是统筹国内法治和涉外法治的基础，也是涉外法治人才培养的前提。总体来说，涉外法治本质上是国内法治和国际法治的重叠部分。参考国内学者对于这个概念的阐释，从规范法学的角度来看，涉外法治是指国家制定或确认的、跨国家生效的、保护国家海外利益、参与全球治理的立法、执法与司法等活动，它不同于国内法治和国际法治，而是自成一个体系。中国驻马来西亚特命全权大使黄惠康是武汉大学的特聘教授，他也对涉外法治概念提出了一个诠释，认为涉外法治是中国特色社会主义法治理论和实践的一项重要创新发展，凸显了涉外法治建设在全面依法治国方面中的重要作用，准确理解"涉外法治"概念要推本溯源，厘清"国内法治"与"涉外法治"、"涉外法治"与"国际法治"的相互关系。从这些表述来看，我们应该可以理解，涉外法治是保护国家安全、利益和发展的法治，它是国际法治和国内法治的重叠部分，它是国内法治与国际法治的桥梁和纽带。

而涉外法律体系是国内法律体系的组成部分，因为从立法主体、立法目的以及立法的事项来看都是国内事项。所以说，涉外法治与涉外法律体系本质上属于国内法的范畴，但是涉外法治的体系必须在国际法的秩序下运行，因为它的管辖权争议、域外效力的承认以及法律适用、执行等诸多问题必须在国际法律秩序之下才能得到充分解决。可见，涉外法治属于国际法治与国内法治交叉的领域，是国内法治的对外延伸，是国际法治与国内法治互动的桥梁和机制，涉外法治不能仅仅依靠国内法治来实现，其所具有的涉外性要求其只能在复杂的国际法治环境中展开，即必须依靠国际法治才能最终实现。这一特点也决定了涉外法治既不能脱离与国内法治之间的协调，也不能离开国际法学与国内法学的良性互动。

所以，基于前面的认识，我们认为涉外法治人才培养的学科基础是国内法与国际法的结合，但主要是国际法学。从这个意义上讲，我们国家需要大力发展国际法学，要从涉外法治人才培养最终走向国际法治人才培养的模式。

二、涉外法治人才培养的中心任务

涉外法治人才的核心任务是法律思维的养成。刚才有一部分院长讲了外语的重要性，也讲了国际视野的重要性，这些东西在涉外法治人才的能力构成中并不具有中心地位，法律思维与涉外法律思维应该在涉外法治人才的能力构成中具有核心地位。一般来说，一位优秀的法律职业者应该具备四个方面的能力和素养：（1）法律；（2）言辞和信息表达技术，比如我们所讲的外语能力只是言辞文书技术的一部分；（3）法律思维；（4）法律信仰。

这四个方面组成了一位优秀的涉外法律职业者的能力构成，这四者的关系分别是——法律与信息知识是法律思维的基础，言辞技术包括外语只是法律思维的外壳或者说媒介，法律信仰是法律思维执着的表现，只有法律思维是法律人的核心能力，离开了法律思维，这些法律知识、言辞技术都将会被尘封在大脑之中。所以法律思维应当成为法律人最重要的职业技能，应该成为涉外卓越法律人才水平的判断标准。对于涉外法律人来讲，法律思维方式、思维方法比他的专业知识或者外语能力更为重要。

法律思维在涉外法治人才培养过程中的重要性不仅是法律职业要求所决定的，也是涉外法或者国际法的特点所决定的。以法官为代表的法律人只不过是一群思维敏捷的说理者，因为聪明人的聪明之处就在于能讲出道理。法官和其他法律人的工作只是将抽象的法律规范具体应用到案件事件中，这个过程包括案件事件的认定、法律规范以及判定结果依据的寻找。从客观事实转换为法律事实，从抽象的规范的解释出具体的案件规则，从大小前提推出判断判决结果，都离不开法律思维。涉外法治人才要运用涉外法和国际法，这两个部门法规范的原则性、抽象性都十分强，它要求说理更加充分、更加深入，特别是我们还把国际法称为道德法规范，从这个意义上讲，涉外法治人才的法律理论基础、论证能力就十分重要，这一点离不开法律思维。

法律思维契合了涉外法治人才素质培养和职业教育的共同要求。因为法律思维作为思维方式一端连接着法律的形而上层面，关涉法律精神和法律人的文化、魅力、品格和精神需求；当法律思维作为思维方法时，另一端便连接着法律的形而下层面，涉及对法律的理解、解释、推理、论证等法律方法的运用，法律人以此为人们的生活提供更为理性的安排。我们坚持法律思维的培养，它能够比较好地兼顾涉外法治人才的素质教育和职业教育的共同努力。所以说，涉外法治人才培养的中心任务，是法律思维的养成，这种能力超越了外语、超过了一般的文辞或者文书以及信息技术。

三、涉外法治理论人才培养的意义

涉外法治理论人才培养具有十分重要的意义。涉外法治人才一般分为涉外法治实务人才和涉外法治理论人才。我们对于涉外法治人才的培养主要集中在涉外法治实务人才的培养，希望能够培养出代表中国企业政府出庭应诉的人才。然而基于国际法和涉外法的抽象性特征，涉外法治理论人才的培养更为重要，中国国际话语体系、中国特色的国际法学理论都需要涉外法治理论人才的支撑。

在这两类人才中，我认为理论人才的培养更为重要、更为长远，它是中国走向世界的需要，因为任何一个强国都需要有自己的国际法理论创新。所以，从这个角度来讲，从中国努力走向世界舞台中央这样一个趋势来看，培养涉外法治的理论人才更为重要。当然涉外法治人才或者国际法治人才是一个高层次人才，我们不期待在本科生或者说是硕士研究生阶段就能完成，博士生阶段也不一定能够完成，这需要一个长期的培养过程。

基于合作办学的涉外法治人才培养探索与实践

中国海洋大学法学院副院长　于　铭

关于"基于合作办学的涉外法治人才培养探索与实践"，我的分享主要围绕两个方面：涉外法治人才培养的挑战及其平台建设，涉外法治人才培养的创新举措和培养成效。

自从党中央提出要加强涉外法治人才培养之后，教育部会同司法部采取了一系列的措施来推动涉外法治人才培养。现在的努力可能还有不足之处：第一，现在的培养基本上集中在国际法学科和国际法人才的培养，相对来说域外法学教育方面有所欠缺。第二，我们现在的培养集中在研究生阶段，本科阶段开展的系统性的涉外法治人才培养相对来说较少，这样不利于人才培养的全面性。第三，培养渠道比较单一。特别是近几年的疫情使得出国留学的学生变少了，相对来说培养渠道有所减少。为了解决学生出国留学渠道问题，我们依托教育部的中外合作办学项目开展了法学本科中外合作项目，与美国亚利桑那大学联合办学。这个项目是 2014 年经教育部正式批准的，从 2015 年开始招生。这是与美国高校联合举办的法学本科的双学位项目，采用的是"4+0"模式，4 年的时间学生都在中国海洋大学学习，通过引入外方高校优质的师资以及优质的课程来实现这种培养。我们每一年的招生指标是 125 人，4 年来有 500 名在校学生。希望通过我们的平台，能够培养具有国际视野、通晓国内外法律规则，特别是"英美法规则"以及有较强的英语语言能力和沟通能力的涉外法治人才。对此，我们面临一些核心问题：第一，需要赋予学生处理涉外法律事务的国际法、域外法和法律相关学科的知识。第二，需要提升学生的能力，包括语言能力、思辨能力、专业沟通表达能力及理论结合实践的能力。第三，需要培养学生们国际视野以及涉外法治、社会主义的法治理念。

针对这些需要解决的核心问题，我们采取了一些措施。

第一，需要厚植社会主义法治理念。我们虽然培养的是涉外法治人才，但是这些人才需要在国际舞台上替中国发声。因此需要通过思政融入课程，思政融入党建和融入教学管理等方面来加强社会主义法治人才理念的输入。

第二，需要构建一个国际化的课程体系。这个课程体系主要包括三方面：一是强基础。我们的课程体系完整地保留中国法学的核心课程，学生必须有扎实的中国法的知识，才能够满足我们国家的需求。二是补空白。我们通过调研和梳理现在法律实践中涉外法治人才面临的问题，有针对性地引入了19门关于英美法系和法律英语的课程来填补学生知识领域的空白。三是跨学科。我们加强法学和其他学科的有机融合，比如说经济学、政治学、管理学等，赋予学生比较宽厚的学科知识背景。在做课程体系的内容建设时，我们注重标准与课程衔接，即通过在培养方案当中融合中外双方的人才培养标准、签订课程对接协议来实现课程互换、学分互认和学位互授。在授课的过程当中，专业课依照中方课程—中外共同开发—外方课程的这样一个顺序，比较好地保证了学生的接受度。在英语课上我们注重培养听说能力，到中年级、高年级的时候逐步引入提升写作能力和法律英语能力的课程。

第三，提升学生的涉外综合服务能力。主要通过两个融合，一是课堂内外的融合，二是科教融合。在课堂内外的融合上，课内主要是通过引进苏格拉底教学法来实现给学生讲授原汁原味英美法系的知识的目标，课外主要是通过组织学生参与各项赛事、推动学生到联合国等组织实习、开设和建设一些国际环境法的虚拟课程以及国际高端的专家讲座这样的一些方式来实现课堂内外能力的提升。在科教融合上专门设立了中国海大—亚大联合研究中心，同时与学校的海洋发展的学科群和法学一流学科群进行协同建设，通过吸收本科生参与科研项目，提升海洋事务高端人才的研究能力和资政能力，帮助、指导学生在核心期刊和重要的报纸上完成独立署名的发表，以及参与国际学术论坛等方式来提升学生的综合服务能力。

第四，打造一个闭环的质量保证体系。因为与美国的联合办学项目2014年获批、2015 年开始招生，现在已经到了第八届招生。经过七年多的建设我们也在不断地改进和提高。我们的培养方案也在不断地优化，教学的方式也在不断地更新，特别是设立了一个院内的教改项目来支持教师做这样的修改。以上是我们采取的一些创新性举措，收到了非常好的培养成效。这个项目的党员发展比例一直非常高，学生们有非常高的入党诉求。我们学生的能力逐渐得到提升，获得了各级英文模拟法庭大赛各级奖项十余次。此外，联合国开发计划署全球环境基金在中国设立了办公室实习项目，每一年都有学生前往实习。

我们的生源也在不断提升，本科的录取分数线也逐年提高。就升学和就业情况来看，我们总共招收了 385 名毕业生，其中有 379 名获得了中美的双学位，境内升学和境外留学的比例达到了 56% 左右。我们统计的是 2019—2020 届的毕业生，据 2022 年 6 月份的统计数据显示有 56.4% 的硕士、博士在读和 41.28% 的就业，就业单位包括美国亚利桑那法院、中国农业银行总部、美国华盛顿的律所、阿里巴巴合规部等有涉外人才法律需求的部门。

我们这些项目也产生了非常好的辐射，包括对院内的辐射。我们中美项目的老师也给我们学院普通法学项目的学生开设国际课程。我们在中外合作办学中取得的一些经验也被我们校内以及同行的开展合作办学的高校所借鉴，相关的经验也被《法治日报》，还有 China Daily《中国日报》所报道。

总之，涉外法治人才的培养其实是一个长期的过程，就像日本从 30 年前开始培养涉外法治人才，经过了 30 年的建设，才形成其在国际组织中有非常多日本籍的员工，甚至有一部分员工能够做到比较高的位置的局面。我们要认识到这个情况，中国海洋大学做的工作可能只是培养中的第一步。后续也将通过本科的培养奠定一个比较好的基础，而涉外法治人才的成长还需要经历硕士阶段、博士阶段以及在实务工作中的几年、几十年的捶打和磨炼。

统筹推进国内法治和涉外法治

天津大学法学院院长　孙佑海

"坚持统筹推进国内法治和涉外法治",这是习近平总书记高瞻远瞩提出的时代课题,也是习近平法治思想的重要组成部分。党的二十大报告首次单独将法治建设作为专章论述,并就"加强涉外领域立法、统筹推进国内法治和涉外法治"作出重大部署。我理解的涉外法与国际法并非一回事,而是国家制定的、保护国家参与全球治理的体系化规则。

涉外法治是连接国内法治和国际法治的桥梁纽带,事关国家主权、安全、发展利益,特别是当前以美国为首的西方国家正大搞保护主义,对我国单边制裁、极限施压,我们面临的风险挑战在不断加剧,所以迫切需要统筹推进国内法治和涉外法治,尤其是要进一步推进涉外法治建设。

一、统筹推进国内法治和涉外法治建设意义十分重大

第一,统筹推进国内法治和涉外法治是落实党中央重大战略部署的必然要求。

第二,统筹推进国内法治和涉外法治是新时代对外开放的现实需要。对外开放不仅要引进来,更要走出去。一旦涉外法治工作出现短板,则引进来容易出现风险,走出去也会出现为他人作嫁衣的问题,要解决这些风险和问题,需要涉外法治的全方位保障。

第三,统筹推进国内法治和涉外法治是全面推进依法治国的应有之义。国内法治和涉外法治是相辅相成的。这两者,哪个环节出现问题,国家大局都要吃亏。因

此，统筹推进国内法治和涉外法治是全面推进依法治国战略的内在要求，是全面维护国家利益和企业利益的迫切需要。

第四，随着全面推进依法治国战略的不断深化，进一步推进涉外法治建设也必然成为党和国家的工作重点之一。当前贯彻国家总体安全观，更离不开国内法治和涉外法治的统筹。

二、新形势下我国涉外法治建设存在的短板

一是涉外法治基础理论尚不牢固。例如，涉外法治这个概念，学者之间的争议很大，有人认为是国别法，有人认为是国际法。概念不清，必然影响下一步工作的开展。

二是涉外法治建设水平相对滞后。在涉外投资、对外援助、口岸开发等领域存在诸多法律障碍，需要加快解决。

三是涉外法治的工具箱亟待优化升级。近年来涉外法治工具箱不断更新，但是我们也缺失很多重要的东西。例如，我国虽然出台了《反外国制裁法》，出发点是对境外非法制裁我国的行为进行法律反制，但是对一些伺机危害我国和平利益的境外势力以及少数国家长臂管辖等霸权做法依然存在着被动防御、难以主动出击的困境。此外，目前一些实体法中虽然有涉外条款，但是可操作性较差。

四是涉外法治人才培养力度亟待加强。这方面的问题很多，教学水平跟不上，特别是涉外实务的教师，要学会跟国外合理合法地打交道。如果老师自己都没有做过或根本就不懂，又怎么去教学生呢？所以，我们要认真考虑如何解决涉外法治人才培养的师资问题。

三、关于统筹推进新时代国内法治和涉外法治的建议

一是统筹推进国内法治和涉外法治的战略布局，我曾对此提出建议，党中央和司法部也出台了关于推动新时代涉外法治建设高质量发展的相关文件，就布局问题专门做出规定。

二是加速形成系统完备的涉外法律法规体系。完备的法律法规体系是涉外法治

的重要基础。现在很多法律跟不上，现有的法律模糊或空白的地方也不少，还有些已过时，我们要优先完善反制裁、反干涉、反制长臂管辖的相关法律，不断充实应对挑战、防范风险的法律工具箱，以有效维护我国海外机构、企业和公民的正当合法权益。

三是着力提升我国涉外执法司法的工作质效和法治化水平，不断完善涉外执法的程序，明确执法依据、重大流程、重大标准，细化调查取证等措施，规范行政许可、行政调查、行政征收、行政处罚等执法行为。依托联合国反腐败公约，从打击跨境腐败活动入手，积极参与国际执法司法合作，共同打击暴恐势力，加快制定我国反跨境腐败法。

四是有效强化我国涉外法律服务的工作效率。我们要培养一大批国际一流的仲裁员和律师，确保有足够的涉外法治人才为中资企业走出去服务，为打击跨境犯罪和追讨追赃等工作提供法律服务。

五是全面加强我国涉外法治人才培养。建议新形势下教育部、司法部要站在涉外法律斗争的战略高度，积极有力地支持我国重点高校和科研院所深化涉外法治人才的培养，全方位维护我国的国家主权和安全发展利益。

扎根中国大地加强涉外法治人才培养

北京理工大学法学院院长　李寿平

关于"加强涉外法治人才培养"，我想谈两点体会。

一、涉外法治人才培养所面临的困境

首先，从国家到我们高校都很重视涉外法治人才培养。从中央层面来说，没有任何一个时期如此重视涉外法治人才培养。中办国办联合发文、中办单独发文、教育部单独发文，这是党中央就"加强涉外法治人才培养"问题的重视达到前所未有的高度。从高校来看，我们只要是涉及法学教育的学术会议，大家都会有专门的涉外法治人才专题，因为大家都很重视！事实上，在落实的时候我们的进展却是很慢的。可以说，我们至今都还没有一个真正从全方位培育涉外法治人才的成熟培养方案。

其次，中央的目标都很清晰，我们的目标也很清晰，但是我们发现，涉外法治人才培养的建设任务是不明确的，涉外法到底是国际法还是国内法？涉外法治人才培养到底是学科建设还是职业培养？这些基础理论问题不能很好地认识，就难以构建建设目标。国家很需要涉外法治人才，但是确实没有感受到学校从哪些方面重视涉外法治人才培养，除了三门国际法课程，很多学校似乎也没有更多的国际法治课程；学生的热情也不高，学习目标也迷糊，高校和社会对涉外法治人才的认识实际上也是缺位的。

最后，我们当前培养涉外法治人才的基础不够。第一，我们的课程不够。要培养涉外法治人才，诸多的涉外法治课程很必要的，如涉外法律文书、涉外调解、涉外谈判、涉外诉讼，但是，我们能真正开出来、开下去的高校是不多的。第二，师资不够。在法学教育中，我国国际法律队伍相对来说是比较弱势的，在国际法师资队伍当中，真正具有涉外法治操作能力的教师就更少了。第三，培养涉外法治人才的实践、实训专业基地不够。主要表现在我们的学生在实践实训的国际组织和涉外业务机构实践的机会少。我们知道，关于法治人才的培养，校内校外协同是真正的手段。我们的学生如果没有校外的培养是很难获得成就的。我们现在的涉外人才在校外实践太少了。

二、北京理工大学法学院开展涉外法治人才培养的做法

总体来说，北京理工大学比较重视涉外法治人才的培养，国际法的师资队伍在北京也是排在前列的，有13位国际法教师，包括4位教授。

首先，北京理工大学涉外法治人才培养主要放在硕士和博士阶段。为此，我们专门开设了国际争端和解决硕士方向（专业学位）。这个方向由中国国际贸易促进委员会和北京理工大学联合共建的国际争端预防和解决研究院负责建设，每年专门招收20位专业学位研究生。

其次，我们建有完整的培养方案。这个方案设计争端预防和解决的课程板块，在国际商事争端预防和解决组织、亚太空间合作组织等地建设专门的实践实训基地。其中，我们的课程特色和优势还是比较突出的，如除了设立3门国际法的基础课程以外，我们还设立了6门跟争端解决相关的课程：国际争端解决引论、国际仲裁理论与实务、国际调解理论与实务、国际组织法律制度、比较诉讼制度、涉外法律文书。

最后，我们构建校内校外、理论与实务协同培养的机制。我们利用国际争端预防和解决研究院的专家咨询委员会的师资资源，将具有丰富涉外法律实务的专家引入课堂，引入人才培养的具体环节，包括开题、指导、答辩等重要环节。实际上，这是实践所逼！北京理工大学法学有本科、硕士、一级学科博士，硕士有全日制、非全日制，有法学学术型和专业学位，且硕士和博士教育还有中国学生和外国留学

生，我们 13 个教师根本无法承担这 10 门专业课。因此，我们国际争端预防和解决研究院的专家咨询委员会聘请了 60 位国内外知名涉外法治专家，为我们课程开设、人才培养环节的落实提供了极其优秀的师资。

我们现在涉外法治人才的培养是面临着困境的，这个困境有我们自身的原因，也有我们体制机制的原因。涉外法治人才的培养是系统的工程，是需要社会各方面去做的。人才培养的体制机制的改革，也需要我们整个体制机制的改革，特别是我们的教育体制。只有依赖整个体制的支持和配合，才能够真正地培养出涉外法治人才。北京理工大学法学涉外法治人才培养的实践和做法也仅仅是在探索，亟待全体同仁的共同支持！

涉外法治人才培养中的涉外视野培养问题

浙江工商大学法学院院长　宋　杰

我主要讨论"涉外视野怎么去培养"，这个问题非常大，主要从三个方面谈谈我自己的一点感受。

一、立法中的认知问题

涉外法治在国际关系中的定位和希望是什么。无论相关立法是公法还是私法，我们在立法之中很少去考虑这个问题。我们既有的立法，视野基本上是国内的，但是在涉外法治的背景之下，要强调涉外法治人才的培养，就需要在这个背景下重新思考这个问题。我们现在所处的国际形势发展变化非常大。在立法中，所有的国内立法，我们都需要考虑这部法律在国际关系中的定位，需要考虑我们对它有什么样的期待。如果没有定位、没有期待，那么一旦需要保护我们在海外的国家利益、保护在海外的中国国民，需要参与国际事务、解决参与的合法性问题，我们就会发现，自身在国内法中缺乏相应的工具。

这个问题现在非常迫切，一定要高度重视。当我们考虑国内法在国际关系中的地位和功能的时候，是不分私法和公法的，私法你也要考虑，公法就更不用说了。

二、公法、私法和交叉融合

在过去的几年，我们已经看到了两个非常明显的现象：我们现在面临着普通法国家所发起的挑战尤其是法律战；对于这些普通法国家，它们在立法之中是不注重公法和私法的区分的，其公法中有私法的内容，私法中有公法的内容，立法具有高度的交叉性和融合性。从适用角度看，此种综合性立法会导致普通法国家极容易发动法律战，各种工具的使用非常容易上手。这个我们在中美贸易战中是可以体会到的。在这个背景之下，我们如果要有效地应对这种法律战所带来的挑战，就需要对国内目前严格区分公法和私法的模式进行反思。国内无论是学术研究还是教学，都过于强调学科的分野，强调公法和私法的区分，而此种区分是不利于我们有效应对他国所发起的法律战的。可以预见的是，来自他国的法律上的挑战会越来越严峻，如果我们的思维不打开，不强调公法、私法的这种交叉融合的问题，看不到公法私法化、私法公法化的趋势，应对挑战就会越来越困难，越来越被动。

三、如何认知国际犯罪

在过去的 20 多年中，我国面临的法律上的挑战很多的时候是所谓的国际犯罪所带来的挑战。很多时候，他国是在国际犯罪这个层面对我国发起挑战的。此时，我们就需要思考和研究到底怎么认知国际犯罪。其实，国际犯罪是一把"双刃剑"，既可以成为进攻的工具，也可以作为防守的工具。而在这方面，我们对国际犯罪的认知是有严重欠缺的。最简单的逻辑就是：一旦他国从国际犯罪领域对我国进行挑衅，我们应对时显然不能只考虑普通犯罪。普通犯罪应对国际犯罪，这不对等。我们需要从对等角度去认识，尝试同样从国际犯罪角度去应对挑衅。

与此同时，我国还需要学会合法介入国际事务和他国事务。从介入角度看，利用和借助于国际犯罪介入显然是非常重要的，这是我们需要学会的，因为这样的介入既具有正当性也具有合法性。作为大国来说，这种思路我们是要有的。遗憾的是，无论是从立法角度来看，还是从教材角度来看，我们对国际犯罪的认知都存在明显不足，不能适应我国当下和未来的需求。

举一个例子。在国际犯罪中，故意杀人行为在不同的犯罪背景要素之下，它是可以构成不同的国际犯罪的，既可以构成战争罪，也可以构成反人类罪，还可以构成灭种罪。但是在我国的刑法体系中，故意杀人只能被认定为故意杀人罪，而不可能构成战争罪、灭种罪等。而我们知道一个构成普通犯罪的故意杀人和一个构成灭种罪的故意杀人是完全不一样的：一个是普通犯罪，一个是国际犯罪。二者的性质和严重程度完全不可相提并论。因此，对于国际犯罪，如果我们在认知上转变不过来，它会影响到我们的立法和司法。我们对国际犯罪的功能认知有偏差，就会影响到我们在国际关系中的双边交往和我们对国际事务的介入。

总之，涉外法治人才培养，我们首先需要打开视野。如果视野打不开，不能理解我国提出国际法治人才培养的大背景和国家的战略需要，那么，我们所培养的涉外法治人才，终究只是一种视野非常狭窄的人才而不是国家真正需要的战略型人才。

涉外法治人才培养的几点经验和面临挑战

上海大学法学院院长　李凤章

我们学院体量比较小，也不可能全面地涉外培养，但我们有一个核心理念，就是统筹国内法和涉外法来构建整个国际化的培养体制。传统上可能涉外人才培养聚焦于国际法，拓展到复合型的英语教学，我们的理念是在这个基础上进一步发展。涉外法治人才不仅仅要知道国际规则，更重要的是要理解外国国家自身的法律。

因此，我们聚焦英美法系国家，早在2010年就开始英美法实验班的培养，在这样一个国外法的讲授过程中，尤其关注英美法的底层逻辑，特别是英美国家的历史、文化背景，等等。我们从2010年开始招收英语比较好的学生，每年大概为20名本科生、20名研究生提供全英文的课程授课。这些年基本上稳定在7门的全英语课程，10多年来我们培养了将近400多名学生。

整个课程体系，除了国际法学科的教师团队之外，我们也借助外力，有一些外面引来的课程。当然这个量很少，尤其是这几年很难做。另外，我们也是希望利用上海大学的综合性资源，让学生充分利用其他学院的课程方式完成部分课程。

以上是实验班的课程，另外，我们也一直在思索，除了给我们的学生提供全英文的课程之外，还要创造良好的国际化教育环境。针对这块主要是做了两点：一是开展对外留学生的培训项目，期望留学生能够进来，也能够跟我们的学生有合作交流，发挥上海的区位优势，不断提升国际化水平。这是短期的项目，主要还是面向英语国家的学生。

我们还专门开设了法律硕士的项目，聚焦中国商法，也是全英文课程。目前来讲每年都稳定在五六名左右的留学生，在校生规模达到 20 多人，主要是来自亚洲、非洲等等。《中国日报》曾报道我们跟昆山工业园区合作招收非洲留学生的事情，该项目是昆山工业园区秉龙基金会提供留学生的奖助学金，因为他们需要拓展对非洲的法律合作业务。

我们也有和国外高校的交换生项目，也鼓励学生申请留学基金委的资助，2022 年有一个学生被国家留学基金委录取派到联合国难民所去实习。

以上就是我校涉外法治人才培养情况，几年下来也很艰难，主要的困难就是课程设计上的局限。现在在我们的核心课程体系能够给出的学分其实很少，我们能维持在 7 门课基本上已经很难了，而且这个课只能是选修课，学生可能缺乏选课的动力。在功利主义的选择下，学生更多地想到完成学分，很难有额外学习的空间。因为学生很多要法考，我们派出学生的时候，学生就觉得出去的话影响他们的就业和法考，推动学生短期出国学习也是一直很难的。怎么克服短期功利主义的压力是值得我们去思考的问题。

我们想建成国际化的学习环境，也希望给大家创造一个全英文的环境，但是目前建设起来面临着很大的困难，不光有内容上需要注意的事情，很多老师也因为怕出错而不参与。包括我们想购买国外课程，现在也发现效果不是太好。想打造一个国际化的环境、课程体系、人才培养体系确实面临着很多困难，也希望以后跟各位同仁求教。

高层次涉外经贸法治人才培养探索与设计

上海对外经贸大学法学院院长　　乔宝杰

上海对外经贸大学，被誉为涉外经贸人才的摇篮。我们法学院 1984 年以国际经济法专业和国际法系起步，1985 年开始招收首届研究生，一直以涉外法治研究为学科特色，以涉外法治人才培养为特色目标。目前已经建成了以国际法学为龙头，包括世贸组织法、民商法、经济法等 8 个二级学科硕士点在内的学科体系，在涉外法治理论研究方面取得了一定的成果，在涉外人才培养模式上也有很独特的优势。

我们的法学院因为改革开放而兴，因为复关入世而盛。2009 年我们学校成为 WTO 首批讲习院校，并代表中国成为 WTO 亚太贸易政策官员新一代合作伙伴，2012 年成为上海市涉外卓越法律人才培养基地，也是中国内地唯一一家 WTO 亚太培训中心和教育部首批高层次国际法人才培养创新实践基地。以此为基础，2020 年学校又开始积极探索国际组织人才培养，尤其是国际经贸组织所需要的高层次人才的培养模式、途径和机制，由 WTO 的高级专家设计专门课程，主要面向 8 大国际经济组织开展人才培养。

通过近 40 年涉外法治人才培养，我们法学院展现出了理论与实务相结合、国内法与国际法相结合、经贸与法律相结合的基本特色，人才培养取得了很好的成就。以周汉民教授为代表的外贸法学人在浦东新区开发、中国世博会举办等国家和上海市重大战略中做出了突出贡献。我们的法学学生在国际性学科竞赛中成绩优异。我们长期坚持参加 Jessup 模拟法庭大赛，2020 年获得了一等奖并成功晋级全球总决赛。每年我们都有多名学生获得高层次学术奖学金。2022 年 12 月 2 日在第

20届贸仲杯国际商事模拟仲裁庭大赛中我们的学生获得了全国一等奖。

整体来说，上海对外经贸大学的法学学科基础和人才培养特色非常鲜明。在开展涉外法治人才培养、更好服务党和国家高水平对外开放大局的指导方针下，在教育部和上海市关于涉外法治人才培养的方向确定以后，我们学院也在此明确立了高层次涉外法治人才培养目标，就是培养具有家国情怀、具有全球视野、熟练应用外语、通晓国际规则、精通国际谈判高层次、高素质的涉外法治人才。我们的人才培养目标主要是两个方向，一是涉外经贸法治人才，二是国际经济组织人才。涉外经贸法治人才主要聚焦于国际贸易、国际投资、国际金融、国际知识产权、国际合作等方向，以学校整体的开放型经济学科群为背景；国际经济组织人才则主要是刚才提到的面向国际经济组织开展人才培养和学科研究。围绕着人才培养目标，我们积极创新各种的人才培养专门化改革，创新涉外法治人才培养选拔和培养机制，开展涉外法治人才的学制改革，建设相应的课程和教材体系，深化协同创新机制，探索国际组织订单式的联合培养模式等，建立本硕博联动的培养模式，本科厚基础，硕士强特色，博士提层级。本科阶段的"厚基础"，就是要厚植情怀基础、学科基础和语言基础，以涉外法律人才实验班为载体，以基础外语加专业外语来强化学生的外语能力，以国际法和国内法的复合和法学、经济学知识复合，奠定涉外法治人才的学科基础；硕士阶段"强特色"，就是强化特色学科、特色方向和特色培养，主要是聚焦三个方向：一是涉外经贸法治，二是国际知识产权法，三是世贸组织法，三个方向深化涉外法治人才培养的特色。涉外经贸法治主要聚焦于全球化经贸规则和区域、双边贸易规则；国际知识产权法则依托与上海知识产权局联合组建的知识产权联合研究院等为平台，以知识产权国际规则、海外知识产权维权援助与侵权预警、新型知识产权研究等为核心，成为国际知识产权创新人才的培养基地；世贸组织法是以WTO讲席研究院和亚太培育中心为依托，培养适应国际经贸组织人才需求的高层人才。博士层面以WTO讲席研究院为特色平台，以涉外经贸法治为专业方向，提升涉外法治人才的层级。在培养手段上，我们将构建涉外法商复合型知识体系，采用与境外法学院联合培养的模式，使用原版教材、全英语教学、海外实习实训等各种人才培养模式改革，建立校内和法治工作部门联合培养模式，建设一条具有外经贸法学特色的人才培养之路。

在学校学习和培养阶段，我们法学院主要完成涉外经贸法治人才培养的阶段性目标，涉外高层次的法治人才的培养还需要全社会和涉外法治工作的各个部门和单位共同努力。

全球治理视野下高端涉外法治人才的培养与应用

华东理工大学法学院院长　彭德雷

关于"高端涉外法治人才的培养和应用"，我主要从以下三个方面进行汇报：一是对这个问题的基本背景和意义认识，二是人才需求，三是涉外法治人才的样本分析。

一、高端涉外法治人才的培养和应用的背景和意义

我个人的理解尤其从国际法角度理解，今天把涉外法治人才的培养摆到战略高度来做这项工作，也是跟我们所说的百年未有之大变局加速演进相关，希望我们在对外参与国际治理过程中能够有更多的法律工具箱。实际上，上海法律规划里其实也谈到要在2025年建成三个以上涉外法治人才基地。上海对这项工作非常重视，前段时间在组织各大高校前来申报涉外人才培养基地，我相信这对上海的其他高校来说应该是一个非常好的机会。

高端涉外法治人才培养的现实意义主要是为了弥补我们国家参与全球治理中存在的短板。实际上，在邓小平1978年《解放思想，实事求是，团结一致向前看》的讲话当中就已经提到我们要加强对国际法的研究。这个问题在今天又显得格外重要。

二、人才需求

因为涉外法治人才未来的期许就是参与国际规则制定、谈判、纠纷的解决，所以，我对建国以来的条约做了一个梳理，发现中国目前生效的条约超过了7000件。

这些条约涉及方方面面，包括海事、海洋，等等，涉及的国家也是从早期苏联、欧美国家，延伸到"一带一路"、环境政治、数字贸易协定等各个方面。这些都需要各种人才做支撑，可见我们国家对于高端涉外法律人才的需求是非常大的。以我自己关注的领域为例，世贸组织大概有 600 多个成员，像法国比我们的体量小，是有 163 个人，但是中国基本上近 10 年维持在 15 个人左右。大家可能也知道目前参与打官司的律师中是没有中国律师的，我们是跟着国外的律师作为团队成员一起。这表明我们在处理国际纠纷过程中很被动，所以我们需要自己的人才。

三、涉外法治人才样本分析

我也做了一些梳理，比如来自国际组织的总干事，往往都有在国外深造的经历。所以未来国际化人才培养这环应该还是非常重要的，包括原来商务部的杨国华，现在在清华大学。他也是最近担任了世贸组织上诉仲裁第一案的仲裁员，这种人才非常稀缺。

瑞士日内瓦有一个很著名的机构叫做日内瓦国际关系发展高等研究院。瑞士有很好的地理优势，国际组织非常多，这个机构在打造一个环国际组织 10 分钟圈。近几年上海国际组织总部也比较多，这对上海的要求也会很高。

有关华东理工大学的实践，实际上其法学院是 1986 年有教研室，1999 年有法律系，至今已经有 40 多年的办学历史。当时我们在申请涉外法治人才培养的时候也在考虑如何做才能与其他高校相比具有差异化。上海高校非常多，我们也是希望能够依托华东理工大学的特色来做这方面的工作、做差异化的培养。我们在之前也拿到了教育部高层次国际化培养基地，包括最近我们学校比较重视碳中和、环境、高端制造，其实这些产业也是未来上海发展的重要领域，我们在这方面是不是可以做一些探索。

最后是之前我们的积累，包括我们带学生去世贸组织等。从培养的角度来说还是要带学生出去走一走，给他们埋下种子。如果他们只是学几门课程的话，感悟还是不够深的，同时也是希望能够在未来达成国际国内相结合、理论和实践相结合，一些有过这些经历的学生由衷感受到这方面的重要性，后者也会为他们未来的学习提供动力。希望能够在全国各大高校帮助和支持下一起做好这项工作。

浅谈涉外航运法治人才培养

上海海事大学法学院副院长　殷　骏

关于"涉外航运法治人才培养",我的分享主要分成五个部分。

第一,在政策背景方面。在党的二十大报告中,习近平总书记明确提出要大力发展海洋经济,保护海洋生态环境,加快建设海洋强国以及交通强国。这些政策背景与我们学院的学科特色密切相关。此外,上海是全国唯一一座由中央明确批准建立国际航运中心的城市。因此,大力发展与航运有关的学科,培养高端的海运法治人才非常重要。

我们学院的学科具有悠久的历史。《海商法》是由我校作为核心成员委派专家参与编撰,而当时国内海商法学科的创始人魏文达、魏文翰也是我校的知名教师。他们为海商法学科的建设做出了重要贡献。两位先贤都具有涉外和专业领域的实践背景。

我们法学学科的办学始于 1959 年,是上海最早获批招收国际经济法专业硕士研究生的高校之一。实际上,我校的涉外航运法治人才培养工作就是从这个时候开始的。时至今日,我校已经建立起涉外法律人才培养体系,涵盖了本科、硕士和博士全学段。考虑到我们学校学院的特色,我校在培养涉外法治人才方面的立足点就是涉外航运法治人才培养,也就是紧密贴合我校建校伊始至今的战略发展方向、传统优势以及学科专业的特色,"涉外 + 航运 + 法治"成为我校人才培养的重要因素。

我们的本科专业设有海商法二级方向和海商法人才班,是上海市第一批涉外计划、国家一流本科建设之一。我们的一级国际法学学科学位点和硕士专业也具有一定的专业特色。博士培养也涵盖航运与法律专业,是航运的交通运输专业与法律专业相结合。

第二，我们在这几年涉外航运人才培养过程中也积累了一些浅显的心得体会，首先我们一直重视处理好两组关系，一组是通识与特色的关系，我们的航运法律也就是海商法专业，是较为典型的法学专业的特色领域，主要是偏商法，和《民商法》的关系也较近。当然，我们也有一些《海事法》和一些国际公约、条约规则，兼具公法的特点。

那么，正因为我们具有较为鲜明的专业特色，处理好理论和实践之间的关系就显得格外重要。我们一直在思考这个问题。要处理好这组关系，就必须与另一组关系（理论和实践的结合）进行联动。我们的特色法学更加注重实践和实操层面。与传统的法学相比，它在实践性上更加重视。我们应该在理论和实践的配比之下，尽可能突出理论的重要性。因此，我们的法学教育一直注重特色学科的建设，培养特色涉外法治人才。

《海商法》是我们法学学科的核心领域，也是特色法学专业。在本科阶段，由于我们的一级专业仍然是法学，我们在"10+1+X"的前提下，要求学生全面学习基础法学相关课程，同时兼顾特色学科。为此，我们并不设置大量的实务课程，仍以理论教学为主。我们也认识到，航运法治高端人才的培养需要更长的时间。因此，我们将航运法治高端人才的培养聚焦在本硕7年的时间轴上。

从近年的趋势来看，我们的学生毕业后愿意留在本学院继续攻读研究生或博士学位的趋势越来越明显。因此，我们注重本科阶段教育的同时，也逐步加入专业特色课程和实践课程，以满足学生的需求和市场的需求。在本科阶段，尤其是前2到3年，我们主要以面授专业课程为主。在后1到2年，则逐步加入专业特色课程和实践课程，以提高学生的实践能力和就业竞争力。

第三，从设置课程和学分的对比角度而言，我们专业课的学分设定不仅按照目前教育部的要求少于170分，而且满足我校内控的要求少于160分，一般专业课程理论的设定是90学分，其中专业必修75分、专业选修15分。希望能以这样的一个学分配比，满足航运法律本科教育的要求。因为学生提供的法学专业链上的知识结构，从实践环节也开设了，这个也是比较普遍的，包括法律写作、案例研讨、

《海商法》专题课程。其中《海商法》专题课程我们是从实践专家角度入手，聘请海事法院，包括海事仲裁的专家还有水务局、港务局、地方海事局、海警等相关领域的专家开设了 10 余门海事、海商领域的专题前沿课程。这是为同学们未来进一步的成长和我们对他们的培养进一步夯实基础。

从学期分布来看，我们考虑到后面的几个学期实践是重点，所以我们在第 1 和第 3 学年的学分设置相对较少，保持在每个学期的 10—12.5 个学分之间。第 2 学年的学分设置相对较多，而在第 1 学年设置较少的原因是因为学生刚刚入学，各方面没有完全地适应。我们也是在最近一次培养方案修订过程中，有意识地在第 4 学年不再设置理论课程，就是让学生积极参与实践、实习。

我校上下对于涉外航运人才的培养不仅限于法治，而是依托比较高端的国际基地在推进整个涉外行业人才的培养。我们与国际海事联合会（UMI）、联合国国际海事组织（IMO，International Maritime Organization）和亚洲海事技术合作中心合作，尤其是 IMO。我校是在亚洲唯一一所获批的在校内设立相关分中心和合作中心的高校。我们充分利用上述平台对接国家的"一带一路"倡议的相关政策。

多年以来，我们从人才培养和人员培训角度共同发力。尤其是在人员培训上，我们已累计培训了来自"一带一路"倡议沿线近 20 个国家的 1500 余人次，在航运领域具有了一定的知名度。这也为我们后续进一步推进涉外航运法治人才的培养、培训打下了比较扎实的基础。每一个培训班里都有涉外航运法治相关的课程，教学任务也都是由我们学院的骨干教师承担的。

第四，从我们的培养机制来讲，除了理论课、实践课和课程建设以外，我们也依托学校作为创始成员的亚太法学院联盟。包括上述国际交流合作的班级，还有最近刚刚开设的国际航运教培人才培养项目。这个项目也是所有课程，无论是基础课、理论课还是实践课，全部用英文教学。逐步把我们人才培养的聚焦点从航运法治一般人才培养向航运法治高端人才培养去调整，来应对中央对我们培养敢于、善于参与国际治理以及面对甚至赢得国际竞争的涉外法治人才的要求。这是我们对人才培养聚焦点做出调整的一个主要背景。

我们依托了正在培育的法学学科一级博士点的建设，以及教育部新文科实践项目等一些平台。利用政策优势，我们正在努力申报涉外法治人才教育培养基地。在课程建设方面，我们有航运特色的法律专业课程，比如《票据法》《海洋法》等入选国家级、省部级一流课程建设计划。同时，我们的《海上保险法》《租船运输法律》等也是传统特色专业优质课程。同时，我们也计划在明年年底之前实现本科、研究生所有海事、海商专业特色教材自编自出版全覆盖。这是国内同类专业中最早实现的计划，也为我们涉外航运法治人才培养提供很大的助力。

总体而言，我们坚定涉外航运法治人才培养的目标，并坚持强调实习、实践。我们与国际航运公会、波罗的海航运公会、达飞、上港集团等世界级航运公司或组织保持着密切联系与合作关系。

尤其值得一提的是，我们将选派最优质的、最有潜力的学生到上述企业去进行长期的实习、实践，作为贯彻理论联系实际这一总体人才培养思路的重要举措。我们专业毕业生的就业一直不错，本科就业率常年接近100%，特色专业研究生就业率也长期处于95%的水平，在形势相对更好的前几年也接近100%。加上人员培训，两者都是我们在人才培养和人员培训"两翼齐飞""双管齐下"重要举措中的关键内容。未来，我们的人员培训也准备更多地面向国内航运企业的相关高端岗位，为它们更多地参与到国际航运业务和航运治理中提供帮助。

第五，从人才培养角度而言，我们未来可能还要探索国际海事组织人才培养专业，包括推出航运保险法特色班和其他一些专门培养高端航运法治人才的小班。这是我们目前正在研究的方向。同时，我们要与校内同样具有优势的特色专业，比如国际航运管理、交通运输远洋驾驶等进行融合，实现本科双学位、交叉学科融合等，以此来进一步探索涉外航运法治人才培养的更多可能性。

除此以外，我们同时加强航运法治决策咨询工作。去年一年，我们学院的教师获得了省部级及以上的决策咨询成果，其中与航运有关的就达到了34项。这也是我们学院乃至学校在决策咨询领域的一个特色。最近也刚刚有一篇专报获得了上海市委书记陈吉宁同志的批示。我们未来也会再接再厉，在人才培养和人员培训两个维度发力的同时，也会高度重视决策咨询方面的工作。以此把涉外航运法治人才培养的所有重点工作全部抓起来。

第三编

法律专业
博士培养

法律博士培养中的改革开放

吉林大学法学院院长　何志鹏

在过去的 20 年间，吉林大学法学院和上海交通大学凯原法学院一起见证了中国法治的成长、发展。在中国法治的发展过程中，我们的法治教育也在不断地前进。与此同时，各类各项人才培养在不断拓展。那么关于法律博士，我们都可以形成一个共识，例如 JD 的教育，实际上在 1995 年，在考虑 LLM 的时候就已经进入了思考范围。只不过在那个时候，我们觉得在硕士阶段进行专业教育就可以了。但是过了 20 多年，我们越来越认识到更高端的人才培养，特别是面向实务的人才培养的重要性。

我相信教育部、司法部在做这个规划的时候，一定得到了很多专家的指导和支持，所以他们就提出了在专业目录里边加入 JD。那么 JD 到底该怎么建设，怎么发展，其实又回到了一个老问题。所以，我汇报的思路是"法律博士培养中的改革开放"。

在二十大报告之中，如同以往的历届党的全国代表大会的报告一样，都特别强调改革开放。我觉得在这样一个特殊的时期，无论是国际的百年未有之大变局还是国内的各种各样的格局，我们都有必要特别重视重新强调改革开放。与此同时，我认为在法律博士的人才培养里边，也有必要重提改革开放。那在这个问题上，我想从三个方面进行展开。

一、法律博士培养的区分度

也就是说我们的法律博士一定要区别于法学博士，要区分于法律硕士，要区分于法学的本科和硕士。那这样一来，其实就给我们的老师，给我们的教育工作者提出了一个问题。我到现在还记得以前去拜望清华大学的车老师时，车老师曾讲述了一个事，他说马俊驹老师曾跟他商量说，"我给本科生和给硕士生讲的课应当有什么区别？我给硕士生和博士生应当有什么区别？"老师们都已经认识到对于不同阶段、不同方向的学生，应当强调一种区分度。但问题是这种区分应当在哪区分？

所以从区分度的角度，我认为我们应当具有一种改革开放的视野。所谓改革，就是要把以往的教学模式、教学思维、教学理念、教学方法进行适当的调整。所谓开放，我理解就是要把法律博士的培养向社会，特别是向实务界开放，当然也包括向学生开放。

二、法律博士需要什么

前一段时间教育部做了一个调研，他们和实务界针对法学专业培养出来的学生情况进行沟通，问"你觉得我们的学生，我们的教学存在着哪些问题？"有的实务界人士就提出一个很严峻的话题，认为法学院的老师讲的案例和实践比实际上我们日常生活中所接触的实践和案例或者说我们正在经历的案例要晚5—10年。也就是说，尽管我们法学院内的老师可能在理论造诣上很高，对于理论问题有很多深入的思考，但是我们不得不说在实践方面，除非我们直接进入到第一手实践，否则我们一定是落后的。这里边可能就有几个滞后性，一是法律本身比社会生活就要落后，二是法学院对于法律生活的了解又比法律的实践滞后。

可能接续就出现一个问题，法学院的教学，特别是我们的教材就很可能相比社会生活落后很远。当然可能在座的各位有一点不同意，说我们有的老师就是做实践，就是做实务，怎么可能会出现你说的状况。当然，我这里边有一个限制条件，那就是主要讲涉外。也就是说国内，特别是刑法、民法，可能没有那么突出，但是肯定也不是不存在。我现在还记得，在读书的时候，有一个同学是搞实务的。他对于我们的刑法老师、民法老师当着他们这些做实务的人讲实务这件事感到特别奇怪："他能讲过我们吗？我们对这些太了解了。他要是给我们讲讲理论，给我们提提升、拔拔高我们还觉得有意义。你说一个理论老师给我们实务的人讲实务，不会显得很多余吗。"

所以从这个意义上讲，我就觉得我们日后的法律博士很可能有很丰富的实践基础，有比较明确的实践导向，有比较清晰的实践路向。在这样的前提条件之下，我们的法律博士教育就不能够再像培养法学博士、法学硕士那样就单纯地培养学生的理论思维，培养学生去写学术文章、发表论文。

三、法律博士在改革开放中该怎么做

据我所知，针对法律硕士，全国的法硕指导委员会，以及我所在的学校，我们都有一个要求，就是学生可以通过案例报告结业，就是以不写论文的方式完成论文。由于我们都不知道案例报告应有的形式，不知道如何评价案例报告。所以在实践之中，学生用案例报告结业的情况非常少。日后，我想我们的法律博士可能就不一样了，这就涉及我要讲的第三点。那就是在改革开放中到底该怎么做？我在这想叫"三个改革开放"。

1. 学习的内容向实践开放

我们在进行法律博士培养的时候，在内容设计上，在课程体系上要考虑实践。无论日后他有什么样的方向，还是只有一个 JD 的学位，我们都要考虑在课程设置中在实习实践这个领域加大分量，加大实践的分量，加大前沿的分量，使得我们的学生能够真正地对接国家、社会重大的战略需求。

2. 我们的教学要向学生开放

从开头我提到的区分度，要区分法律博士和法学博士，其实就意味着我们日后要培养的学生很可能是有实践基础的。这样向学生开放，让学生更多地提出问题、分析问题和我们共享他对问题的思考，可能对于我们探讨法律博士的培养来说是非常有意义的。

3. 加深在教学过程中向实务专家开放的力度

这里既包括请实务专家做合作导师，也包括在具体的教学过程中，在课程教学过程的培养之中请实务专家来多多参与，来提供他们的智慧和思想。

以党的二十大精神为引领，
推动法律专业博士学位点的建设

厦门大学法学院院长　宋方青

党的二十大对"坚持全面依法治国、推进法治中国建设"作了高屋建瓴、准确精辟的专题论述，指出"全面依法治国是国家治理的一场深刻革命，关系党执政兴国，关系人民幸福安康，关系党和国家长治久安。必须更好发挥法治固根本、稳预期、利长远的保障作用，在法治轨道上全面建设社会主义现代化国家"，并在此基础上作出了重大决策部署。二十大报告强调"我们要坚持走中国特色社会主义法治道路，建设中国特色社会主义法治体系、建设社会主义法治国家，围绕保障和促进社会公平正义，坚持依法治国、依法执政、依法行政共同推进，坚持法治国家、法治政府、法治社会一体建设，全面推进科学立法、严格执法、公正司法、全民守法，全面推进国家各方面工作法治化"。其具体要求：一是完善以宪法为核心的中国特色社会主义法律体系；二是扎实推进依法行政；三是严格公正司法；四是加快建设法治社会。习近平总书记曾指出："法治人才培养上不去，法治领域不能人才辈出，全面依法治国就不可能做好。"因此，推进全面依法治国迫切需要大批高素质的应用型、复合型的法治人才。在新时代，大家也知道推进全面依法治国对于法治人才需求的数量、类型都提出了更高、更新的要求。

虽然我们目前已经初步形成了法学学士学位和学术学位，以及法学专业学位人才培养体系。但是在高素质应用型、复合型法治人才培养方面，应当说我们的制度设计还是不足的。与国家法治实践的需要，还是存在一定的差距。

大家也知道，当前有不少获得法学博士学位的人进入了法律实务部门，并发挥出了专业优势和积极作用。但是法学博士和以高素质应用型、复合型为导向的高级人才培养之间，在职业领域、研究方向、指导培养方式和评价标准方面，还是存在许多不同程度的差异。所以随着法律职业专业化，职业化程度的不断提高，总体上我们现有的法学博士人才的培养，很明显已经不能满足从事实务部门高级岗位工作的需要。

此外，我们的各级立法机构、政法实务部门和法律服务行业中，除了全国人大、国务院以及中央政法单位和东部的一些发达的城市以外，绝大多数地方我们立法的队伍、政法干部的队伍和法律服务队伍中有博士学位人的比例还很低。实务部门的博士人才仍然主要是以学术研究为导向的法学博士，学术专长和岗位需要还是存在一定的偏差。

我自己长期从事立法工作，所以对立法队伍的了解是比较深的。应该说整个高素质应用型立法人才还是十分短缺的，特别是在地方。立法兼具政治性与法律性、专业性与综合性、理论性和实践性，需要综合性的立法能力作为支撑。立法能力涵括认知能力、决策能力、起草能力、协调能力、论证能力、审议能力、解释能力。就现状而言，立法者的立法能力还是有待进一步提升。我这里特别提到立法审议存在的问题。审议应当说是非常重要的一个环节，但是我们现在的立法主体，因为其本身可能存在知识的缺陷和实践能力的缺陷，所以审议能力还是有待加强的，特别是我们在审议中很少有交锋、很少有论辩，实质性作用的发挥明显不足。

还有涉外法治人才培养的短板也是亟待补全。党的二十大报告非常明确指出要统筹推进国内法治和涉外法治。习近平总书记也一再强调说，"中国走向世界，以负责任大国参与国际事务，必须善于应用法治"。而要提升我们国家在国际法律事务中的话语权利和影响力，切实维护国家主权、安全、发展利益，就需要培养大批高素质的复合型、应用型涉外法律服务人才。但是目前应该说，我们整体上涉外法律服务人才的队伍总量是偏少的，质量还是不够高，特别是在经验层面上，还是远远不足的。所以不能够满足高水平对外开放格局和日益多元化的涉外法律服务的需求。当然也正是因此，大家也知道法治中国建设规划2020—2025年，规划中就提出要"推动建设一支高素质涉外法律服务队伍",我们要继续加大涉外律师人才的培养,要实施法律专业学历教育等计划,培养一批政治素质高、通晓国际规则、具有国际视野的高素质涉外法律服务队伍。

就上述的性质问题,应当说我们一定要根据国家的战略需求,来积极地推动法律专业博士学位点的建设。

这里特别要提到的是,2010年的时候,国家学位管理部门就出台了硕士、博士专业学位设置、授权审核办法,也明确了博士专业学位研究生教育的设置条件标准和设置成立,但是一直没有推进。到了2020年,教育部、国家发改委和财政部又出台了《关于加快新时代研究生教育改革发展的战略意见》,特别提出要适度超前布局博士研究生的招生规模、大力发展专业学位研究生的教育。那么国务院的学务委员会和教育部也发布了2020—2025年专业学位研究生教育发展方案,而且指出要发展专业学位是当前和今后学位与研究生教育发展的战略重点,并提出到2025年以国家重大战略关键领域和社会需求、重大需求为重点,增设一批硕士、博士专业学位类别,大幅度增加博士专业学位研究生招生数量,而且其中法律是增设博士专业学位类别的重点之一。

我们知道到2021年底也进行了多次的修改。像我们学校也一直在起草、论证博士学位点的培养方案。但是一直有一个很大的问题,即到目前为止,最新的国家标准还没有出来。虽然我们充满信心,但是却没有办法非常有效地推进。因此,希望国家能尽快明确博士专业学位研究生教育设置的新标准、新程序,为设置法律专业博士学位提供可遵循的政策制度依据和操作指南。

我今天可能更多谈的是一种诉求,这些具体的目标我想大家都有各种想法,包括我们学院也制定了一些很详细的方案,但是我们更希望国家尽快出台标准,因为没有国家的新标准,有些东西我们就没有办法落实和深化。所以我在这里提出强烈的呼吁,也希望各位院长共同来呼吁以推动学位点的建设。

法律博士培养中的难点

湖南大学法学院院长　黎四奇

坦率而言，当我对所收集的资料进行整理后，初步可以形成以下判断，即目前对于法律博士培养的探讨，大家更多的是乐观、积极与期待的态度。然而，作为一名在高校里从事多年法学教育的老师，我更想从难点的角度来盘点一下法律博士培养中可能面临的一些挑战。

一、法律博士和法律硕士之间的界限何在

我们很多学校的法学院都设有法律专业硕士。我们在培养目标中都是注重培养学生的法律实践能力。由此，也就产生一个问题，即我们法律博士和法律专业硕士之间的界限分明吗？我觉得这也是一个必须认真对待问题。在我们即将启动法律博士培养之际，我们的法律博士培养究竟要走向何方，这应引起所有法律人的重视。

放眼世界，在法律人才培养过程中有很多模式，比如说美国模式、德国模式、法国模式。在我们谈到法律博士的时候，美国一般称之为 JD，因为美国是没有法律本科的。我国的情况相对比较特殊，我们是先是有本科，然后再是法律硕士，最后是法律博士，我们走的是一条特色的法律人才培养的道路。那么，在特殊性和法律本身的实务品性之间，怎样保持逻辑上的关联性与自洽性，这也值得我们为之深思。

二、师资队伍问题

除上述之外，师资队伍问题亦是瓶颈所在。我们要培养法律博士人才，首先必

须有足够的、能胜任的师资。如果没有这个条件，对法律博士培养的探讨实际上就是一个伪命题。

在目前的话语体系中，有一个常用的术语叫校企合作，也就是说在法律博士培养过程中，我们强调双导师制度。其实，我们非常清楚，双导师制的作用并没有得到应有的发挥。在法律应用型人才培养中，作为兼职副导的律师、检察官、法官等由于主业的原因，往往是心有余而力不足，难以为学生提供及时、到位的指导，且也不能对学生的毕业论文承担指导不到位的责任。现实中，他们更多的是扮演"打酱油"的角色，真正履行主导职责的更多是学校内法学院以教为业的老师。因此，在这种情况下，校企合作的有效性也需要加以考虑。

在培养目标定位上，法律硕士与法律博士都着眼于法律应用能力的培育。虽然校内老师承担主要指导职责解决了"两个和尚抬水吃"与责任兜底问题，但是校内导师能否胜任指导工作也是一个问题。就目前我国高校法学院的在编教师结构来看，我们许多老师从法律本科到硕士与博士一直都没有出过校门。在从事教职前，就根本没有从事过法律实务工作。尽管有些教师已经晋升为教授，并担任博导，但是他能不能够胜任法律博士的指导工作，这是一个严峻的考验与挑战。可能我们会乐观地认为还有校外导师来填补不足，但这可能是一厢情愿。当下，为了保证人才培养质量，对学生学位论文的抽检是越来越严格。法律人讲究权责利的公正配置。假如某个法律专业硕士/博士的毕业论文抽检出了问题，在目前的制度下，我们还难以对校外导师进行有效的追责。最终，毕业论文质量不达标的风险是由校内导师与所在学院来承担。由此可见，我们的校企合作在理论层面是好的，但是它的有效性和质量保证确实面临现实困境。

在法律博士人才的培养过程中，如果高校法学院的师资本身存在不足，且又不能够完全依赖外援，那么在师资队伍严重滞后的现实下，怎样实现法律博士培养的目标，这是一个必须长远谋划的问题。

三、社会对法律博士的认可

我们都非常清楚：虽然法律博士毕业后的去向是多元化的，但是我们培养的法律博士更多是去了高校与相关的研究机构。真正做公务员，或者专门去从事法律实务工作的相对比较少。

我们培养的法律博士毕业之后到底去哪里安身立命呢？社会对他们是否认可？这些问题也值得我们思考。我觉得我们培养法律人才，不纯粹是一种理想的培植，而更多的是回馈社会。假若社会对法律博士的认可度不高或不太接受，或接受层次比较低，那么我觉得我们对法律博士的培养定位也应进行事前的评估。

四、法律博士教学课程模块如何进行设计

我们学院这学期也在探讨法律博士点的预申报工作。在准备工作中，拟设置的课程模块如何最佳地契合法律博士的培养要求让我们觉得有些挑战性。我们非常清楚在申报法学博士点的时候，应根据申报学院的师资情况设置不同的研究方向与配套课程，比如经济法学、民商法学、国际法学等模块。业内对于法学博士的研究方向与课程模块已基本上达成共识，那么在法律博士申报过程中或者在整个培养过程中，培养计划、课程模块如何合理安排，就目前而言，我们也是在摸着石头过河。这对我们将来具有资质的高校法学院的法律博士培养，也是一个很现实的挑战和能力检验。

五、法律博士的毕业设计何去何从

除了法学博士与法律博士的界限模糊、师资队伍欠缺、课程配置不清外，法律博士生的毕业论文设计也是急需思考的难题。毕业论文是对学生综合素质的一次系统性的检验，其在法律博士培养中的重要性是不言而喻的，但问题是我们对法律博士的毕业论文该提什么样的要求，如论文形式、字数、写作方法及如何划清学术论文与法律应用分析报告等之间的边界都尚不清晰。这不仅是对学生的挑战，更是对指导教师的考验。

在法律专业硕士培养过程中，湖南大学法学院就面临这样的挑战，教师之间的分歧也较大。对于法律专业硕士的毕业设计，我院采取的是比较多元的模式。学生不仅可以撰写学术论文与案例分析报告，也可以写调查报告。然而，现实很残酷，

因为我们的做法并不能全然地在业内得到认可。比如很多学生写了法律类案分析，然而在一年一度的毕业论文抽检中，有些同行评阅人就认为硕士生怎么能够写法律案例分析呢，并认为类案分析没有学术性，从而将这样的毕业论文给否定了。客观上，教师指导法律专业硕士生写案件分析也存在一定的职业风险。类似情况同样也会存在于法律博士的毕业论文同行评价中。在检验我们培养的法律博士最终是否合格时，其毕业设计究竟是采取学术论文模式，还是采取案例分析或其他模式，同时我们的同行专家是否认可这些模式等都需要未雨绸缪。

最后，我觉得还有一个问题也是急需思考的。我们法律人才培养本身不是一个终极的目的，学生最终走向社会、做好自己的职业规划、成就自我、服务社会才是目的。对于这一点，我们并没有什么经验，仍处于探索阶段。

对于法学博士，经过这么多年的摸索，其培养目标、课程设置、毕业论文要求等已经相对比较成熟，且社会认可度也比较高，但是对法律博士这种新生事物，社会对它的了解还并不太多。在这种情况下，法律博士如何做好自己的职业规划也是需要我们老师一起操心的问题。

就目前来看，应该说法律博士的培养前景看上去还是很好的，但是在操作过程中，我们应该实现什么样的目标及其现实效果如何犹未可知，对于我们高校法学院来说，其机遇与挑战并存。

想要培养好法律博士生，首先必须有合格的教师，必须厘清法学博士与法律博士、法律博士与法律硕士之间的界限；其次必须有完整的体系化课程模块；再次必须有一份真正能够被检验合格的毕业设计；最后必须得到社会的认可。假如这些问题不能够得到妥善应对，那么我想我们的法律博士培养能否如愿成功，有待时间的检验。

法律博士培养中的困惑

苏州大学法学院院长　方新军

基于各个985高校可能马上要申请法律博士的培养，我主要谈谈自己的一些困惑。

我们现在设置法律博士，首先要把学术和实务的概念区分清楚。我们现在叫做法学博士，但是要新开设法律博士培养。这里面有个问题，法律本身是一个实践性的学科，并且我们培养法学博士也是为了解决实务当中的一些问题。

如果要有法律博士的话，我们怎么培养？我们最后怎么来鉴定他达到了博士的水平。我们只要稍微回想一下现在硕士生的培养情况，相信马上就会在博士培养里面体现出来。现在硕士的培养类别已经非常多了，有学术型的硕士、法律硕士、法律硕士法学、法律硕士非法学。实际上法律硕士非法学就是JD，模仿了美国的方法，本科不是学法律的，然后在硕士阶段进行法律教育。但是我们这个JD跟美国的JD水平估计差得太远，实际上美国的JD就是读了一个本科，所以它的JD是特别苦的。很多人认为在美国读个SJD缺乏含金量，关键是没有读过JD，JD才是检验是否在美国受过真正法学教育的前提。美国的JD的阅读任务较重，作业压力也比较大。

以苏州大学为例。我们本科一届招198人，硕士一届招400人，也就是人数上硕士生是本科生的2倍。如果按照教育部的要求来看，我们要对学术型硕士、法律硕士法学、法律硕士非法学的课程进行区分。但坦率地说，我们师资也有限，比方说要求民法方向的教授给学术硕士讲一门课，然后给法律硕士法学讲一门课，再给法律硕士非法学讲一门课，坦率地说很难做到。所以我们也向一些学院去学习，例如法律硕士非法学的学生本科没有接受过法学教育，老师在指导学生的时候也比较犹豫，某些情况下还需要学校分配。那怎么办？比如说导师更倾向于学术型的法学硕士，但是非法学的学生也要分配一到两个。我们考虑过能否像有些学校把法律硕士非法学打通到本科班里。后来发现比较麻烦，本科生选课的学分比较复杂，如果加入法律硕士非法学培养容易导致本科的教学秩序混乱。

苏州大学所有硕士论文都放在教育部平台上，是匿名评审的，每年要花几十万元，这是学校的要求。所以在我们把论文放到平台上的时候，学术性的硕士、法律硕士法学还是法律硕士非法学，实际上对评审专家而言是不加区分的。但不合格的、出问题的，大部分是法律硕士非法学，就是因为他们基本功要差一些。

另一个问题是关于学术的培养。我们说一个学术一个实务，但是实际上又忽略了一个问题。就以学术性硕士来举例，学术性硕士最后能够读博士的比例估计只有10%。以我们民法的研究生举例，实际上100个硕士最多5—10个人读博，我们培养了20年民法硕士生，好像读博士的现在只有五六个。因为博士上面的口子很小，绝大部分的民商法的硕士还是进入了实务部门，还是做律师、法官，所以我们现在学术性和非学术性没有办法作太多的区分。

如果我们现在要设一个法律硕士点，再设一个法学博士点和一个法律博士点，到底怎样培养是很大的一个问题。而且我认为，所谓的实务和学术的区分，确实是伪命题。以我的经历举例，当时政法委进行了"双千计划"，有一些法官院长到我们法学院来挂职。那时我刚好讲授《合同法》，就让挂职的法官也到班上来讲一次，我听后觉得很有启发。比方说讲建筑工程承包合同，理论绝对不会有多少启发，关键是讲建筑工程承包进行到1/2阶段，什么时候开始赚钱，有没有完工，怎样结算，这些东西我确实不清楚。但是有一个问题，比方说我到南京海事法院或者江苏省高院去上课，当他们研究到货运代理的一些疑难问题时，上海高院给出8个解答，上海海事法院的案件非常多，浦东新区法院是成立了疑难问题研究小组，我们江苏省高院也出现很多的问题。但是恰恰这个时候他们需要的是理论，也就是说他们实际上是要用理论来解决问题。即真正做实务的人，不关注那些具体的操作问题，也无法与他们相比较。但是真正需要解决的问题不是这种操作性问题，而是理论的问题。

我们只要稍微举点例子就知道了，比方说像德沃金之所以对法理学进行拓展，主要就是为了解决疑难问题，尤其是通过与哈特的论辩。我们再看看德国的阿列克西写的《法律论证理论》和爱丁堡大学的尼尔·麦考密克写的《法律推理与法律理论》。我觉得尼尔·麦考密克讲了一句非常好的话，他说，"我在写这本书的时候，我没想到德国人跟我同时在写"。一个听起来是德国人，一个听起来是英国人，没有交流过，但是他们都在讨论法律争议的问题，也就是疑难案件如何解决，而且几乎得出差不多的结论。

再举个例子，现在《民法典》规定了一个非常时髦的制度保理合同。在保理合同的第 768 条设定了一个优先规则，现在《民法典》规定说登记优先，通知次优，然后按比例清偿。但是最高院马上就出一个司法解释，《担保制度解释》第 66 条第 1 款说《民法典》第 768 条可以用于所有的合同。刚刚公布的最高院关于合同编的司法解释第 51 条又有新的规定。相信司法实践里面会出现大量的问题，但这个问题必须最后通过我们的理论来解决。无论你是法律博士还是法学博士，实际上没有什么差别。

目前从对制度的思考来讲，也许这个法律博士制度听起来很美，操作起来会非常的麻烦。首先一个问题就是我们博士生源问题，是招在职的还是招应届生。如果招在职，虽不知道其他各学院是什么情况，但苏州大学已经不招在职博士了，因为在职博士毕业难。如果不是招在职而是招应届生，那么应届生上来以后读了法律博士再出去求职，如果进入法院还是要通过公务员的考试。而且我们的课程，如果让我来给法律博士和法学博士讲，我相信讲不出什么样的区别。至少从民法的角度来讲，现在已经无比关注实务了。现在都在研究法学方法论，理论和实务我认为没有那么大的差别。所以实际上我对法律博士，对整个培养方案是非常存疑。

设立法律博士专业学位的展望与思考

南开大学法学院院长　宋华琳

关于法律博士这个主题，我想涉及几个问题：包括要不要办？怎么办？能不能办好？围绕这几个问题简单说一些不成熟的看法。

首先要不要办？我认为还是要办。我们有专硕，现在是搞专博。比如说南开大学现在医学、集成电路、人工智能方面都有专业博士。那么专业博士可能是未来法学教育新的增长点。按照国务院学位委员会和教育部的文件，要以国家重大战略、关键领域和社会重大需求为重点，去新增一些专业学位类别。

我们中国法律硕士受了美国法学院法律教育一些影响，包括孙笑侠教授、王健教授等很多学者也参与其间，他们也是法律教育的专家。实际上 20 年前或者更早一点，我们中国之所以会有法律硕士，大概也是受美国的启发。我们后来有法本法硕、非法本法硕，主要是 2009 年经济不景气的时候增设。某种意义上我认为不应该有法本法硕，法硕本来的想法就是培养实务型人才。一开始受美国启发，美国法学院没有本科生，所以美国所有学法律者一定是先学一个法学之外的专业。可能因为法学"世事洞明皆学问，人情练达即文章"。

刚才几位专家讲，美国法学实际上是第二学位，确实如此。美国法学最初有学士学位，被称为 LLB（Bachelor of Law），后来美国人发现法律没有那么容易学，本科毕业后也没有能力胜任律师之类的职位，于是就取消了 LLB 这个学位。LLB 构成了 JD 的前身，JD 意为法律博士，全称是 Juris Doctor 或 Doctor of Jurisprudence，但是 JD 实质上相当于一个法律的本科学位。早些年有人拿了 JD 回中国任教，我们中国一些法学院就给其法学博士待遇，现在时间长了就不大可能了。但是美国 JD 课程是非常重的三年，它的课程也有必修课或者建议性的必修课，或者选修课。

美国法学院课程，实务性是很强的，比如说财产法、侵权法，还有一些很小众的领域像医疗卫生法、海商法。中国的法律硕士能否有这样的课程呢。现在法律硕士开了一些课程，法学硕士是按照二级学科培养，法律硕士是按照一级学科培养。但是我们开的这些课程，并不是真正回应了实务的需求。我们想象的是法学硕士将来做学问，法律硕士将来做实务。但现在法学硕士攻读博士的很少，而且博士确实不能人人都去攻读，也没必要。

所以现在法学硕士毕业后也做实务，法律硕士毕业后也出去做实务，这里边法律硕士的实务能力究竟怎么样？我们是不是应加强法律硕士的法律实务教学？

举一反三，我们的法律博士如何去培养？现在法学博士毕业以后，如果想进高校，我们是按照学者去培养的，有人说那门是窄的，路是小的，找到的人也少。首先你毕业需要有合格的博士论文，有些人未必适合做学问；其次适合做学问的，进高校的职位也有限；此外进去后竞争压力也很大。有的去了法院、检察院以后还要重新学习，我们现在在依法治国、法治政府、社会治理、执法改革很多真问题的研究都是不够的。比如我自己除了做行政法之外还做医药卫生法，参与了药品管理法的修改、疫苗管理法的制定，参与了疫情防控法律问题研究。像药品、食品这种健康产品，每年的销售金额占国民生产总值的 10% 左右了，然而我们法学院可能研究的人不足 1%。所以这种情况下，我们法学教育可能无法回应市场的需求。

我们现在如果招法律博士，将来可能面临很多问题。比如说招什么样的人，开什么样的课，我们能不能招应届生。比如我招实务界人士，实务界人士难道硕士毕业在哪个机关上个一两年班就可以了吗？工作 10 年以后可以上吗？还是要什么级别，是厅级还是处级，是否局限在法院院长、检察长或政府机关官员？这都是相应的问题。其次招什么样的人，谁来上课。我们法学院老师能不能给他们上好课？刚才不少专家讲，比如说你给他们讲实务，人家比你更熟悉，实际上还是应该讲能够回应法治实践的法学理论，但这也不是每个老师能胜任的。再看写怎样的毕业论文。实际上现在，法硕教育包括教指委也在一直鼓励，说法硕论文可以是案例分析、研究报告。我们现在看看民法评注、刑法评注蔚然成风，一些刊物上也开始发这方面的文章，一个学生能否写几条法学评注就可以毕业？包括最近留德学者回来后倡导鉴定式案例分析。总体上我认为应该推进法律博士专业学位的设置，同时法律博士的申报和培养不仅有助于法律博士的教学，可能也有助于反思我们整个法学院的法律教育。我们法律硕士的实际效果怎么样，我想不仅要展望法律博士的教育，同时也要反思我们的法律硕士教育，反思我们的法学硕士教育。

现在看来如果面向实务界招收法律博士，将来几乎就是非全日制，不太可能是全日制了。那么非全日制这些同志们，可能法律积累不错，智商情商都很高，但他们很忙。这种有一定级别的人，他有这个水平，有这个追求，有这个情怀，但他没有时间。人就这么些时间和精力，他周一到周五上班，周六、周日作为非全日制学生上上课，最后写一份研究报告或一篇博士论文，能不能真正保证质量犹未可知。我觉得还是要建立一系列的管理控制机制，将来教指委，还有国务院学位办，恐怕还是要就如何申报、如何管理、如何培养加以规范，十几年前，当时有在职法律硕士，现在慢慢没有了，如何防止播下的是龙种，种出来的是跳蚤。所以实际上法律博士的申报也是扩展法学教育的新增长点。同时，我们的法学教育，我们的日常教学和研究，如何更好地跟实践相结合，恐怕是每个法学院都需要去反思的课题。

法律博士培养应注重凸显特色

新疆大学法学院院长　张建江

新疆大学法学院是 1980 年 7 月教育部批准成立的，于 1981 年开始招收法学本科，2001 年更名为法学院，2007 年获得了法律硕士专业学位的授权点，2011 年获得了法学一级学科硕士学位授权点，2018 年获批了法学一级学科博士学位授权点，2019 年进入了教育部的"双万计划"的一流本科建设单位，2022 年入选了自治区的高等学校重点学科特色学科建设。

目前我们法学院是全疆唯一具有本硕博完整法学人才培养体系的单位，我们本科有法学和知识产权两个方向，法学硕士有法理学、法律史、宪法与行政法、民商法学、刑法学、经济法学、国际法学、党内法规这八个方向。我们的法学博士目前有法学理论、法律史、民商法和国际法四个方向。我们的学院学科研究主要围绕着丝绸之路经济带核心区建设法治保障展开，我们将二级学科整合成三个方向：（1）法治新疆现代化研究；（2）丝绸之路核心区经贸法律的研究；（3）人权保障与涉外法治。

这三个方向主要是针对新疆的需求来进行设计的。所以在法律博士专业建设过程中，我们也想把它作为我们下一步的重点建设的任务。但是目前我们在课程的设置和内容上都还没有太多的思路。

在这个方面我们也进行了相应的讨论，也学习了各个专家学者的观点。看到有不少的专家学者都认为法律专业学位建设要在课程体系上突出它的特色，要在学位论文上强调它的应用价值。还有的学者们也提出学校跟行业进行联合培养的创新机制。

我们学院在法律博士点及相关课程设计的讨论过程中，认为特色研究应该也是作为法律博士建设的一个重要内容。我们认为，法学有它共通的地方，但是也有地方性知识和特色的需求。比如说我们法学院开设了双语法学人才的培养模式，因为在新疆有很多与众不同的地方，其中之一就是我们新疆有少数民族语言司法人才的需求问题，这个问题在法院、检察院系统表现得非常明显。所以我们和教育厅还有自治区法院、检察院进行合作，在法学专业硕士方面开设了相对比较有特色的双语法学人才培养模式（法学＋维吾尔语），在招生的时候，只招收本科学习维吾尔语的学生，采用推免的方式，招收非法学方向的硕士生。

这一培养模式目前在新疆大学、新疆师范大学等学校推广，全疆每年会有 35 个左右的名额，其中 20 个左右的名额由新疆大学来承担。我们跟自治区检察院、法院合作，采用订单式，通过推免来进行人才选拔和培养，以解决司法系统当地少数民族语言的法律人才的需求问题。我们目前已经有 40 名双语学生，在这些学生学习一般的法律课程之外，我们还会教授专业翻译，即维吾尔语法律的翻译，还有新疆地方民族法治建设相关的一些特色课程。此外，实习是跟实务部门进行合作，我们会把他们送到相应的法院、检察院。总体来说这一种运行效果还是比较好的，每一年法院、检察院都会有交流会议跟进这些人才的培养进程。

在这个过程中，我们也了解到比如法院、检察院确实有更高层次的法律人才的需求，而且也具有一些特殊性。我们确实需要培养法律博士，但是怎么培养，我觉得我们新疆感受更多的是一些特色的需求问题。比如说新疆在反恐维稳的刑事处罚方面有统一的适用标准。我们 2022 年跟检察院合作成立了一个重罪研究中心，主要是针对反恐维稳方面刑事案件的讨论。我们感觉如果是高精人才的培养，在特色方面还是需要有一些考量的。

再比如新疆的人权法治保障建设，基于涉外斗争的严峻性，这块的需求也变得很急迫。还有我们跟周边经贸往来中的一些摩擦和纠纷，目前司法系统已经在建"一带一路"国际的商事调解中心，我们也参与其中。

我们在实践过程中发现一些很具有地域特色的需求，可能需要我们在专业学位的建设过程中，在课程特色设计方面进行更多的关注。非常希望各个学院能跟我们有更多的合作，来指导和帮助我们进一步发展。

法律专业博士设置中的问题与难题

浙江大学法学院副院长　霍海红

我个人是支持法律博士设置的，但同时也认为这不是一件容易的事情，需要凝聚共识和周密安排。

第一，法学博士与法律博士的区分问题。法学博士与法律博士的培养目标如何区分？培养方式如何区分？两个系列的博士导师如何区分？法律博士的导师是否需要有一定的实务经验或经历？拟招的学生是应届硕士生还是有多年法律实务经验的同志？这些问题既涉及法律博士设置的必要性，也涉及设置以后的具体操作问题。

第二，培养方向问题。目前的法律硕士（非法学）本身无所谓方向，主要是根据所选导师方向确定。法律博士是否也要按照同样的思路，将方向确定为常规的法学二级学科？我个人认为，可以考虑国家需求、地方特色以及法律院校的学科优势设置各自的特殊方向，直面实践中的问题和难题，这样似乎也更有助于和法学博士相区分。

第三，学位论文问题。法律硕士培养中出现的一个难题是学位论文问题。目前的培养和评审机制通常用法学硕士论文的标准来要求法律硕士学位论文，导致法律硕士的实务导向（比如写案例报告）体现不出来。法律博士设置以后，是否也会面临类似的问题，这是我们必须预先考虑的。

第四，社会认可度问题。实践中会遇到这样的问题，研究生选调时，法学硕士似乎比法律硕士更受青睐，有时前者甚至是硬性的门槛。法律博士和法学博士会不会也遭遇类似的问题，用人单位是否会更愿意要法学博士而不是法律博士，这也是我们必须面对的问题。这个问题也会和拟招生的学生类型关联在一起。

高质量发展是法律专业博士研究生教育的生命线

华中科技大学法学院院长　汪习根

高质量是当今时代的重大主题，对于如何去建设和发展作为一个崭新品种的法律专业博士学位研究生教育，我想谈三点。

一、法律专业博士学位教育的品位

（一）法律专业博士的定位

法律专业博士学位教育在高等教育体系中，特别是在中国研究生教育体系中，究竟处于何种地位？应当如何对法律专业博士学位教育进行科学地定位，这是摆在我们面前需要解决的首要问题。

对于这样一个问题的回答，涉及法学高层次专业学位与研究生教育究竟"培养什么样的人、为谁培养人、为何培养人"这三个基础性、前提性的根本问题。如果这个问题把握不准、定位不明，那么有可能在起跑线上偏航。要么就是前面很多老师提到的关于回到过去法学博士的老路的担心，要么有可能跌落到法律硕士，在法律专业硕士学位这个基础上进行简单地拔高，可能会偏离设立一个最高层次的专业博士学位的初衷。

为此，从宏观上来讲，应当以习近平法治思想为根本指导，全方位地运用辩证思维与系统思维、理性思维与实践思维，深入探讨以习近平法治思想为创新和发展法律专业博士学位教育的价值意义、功能定位，探寻法律专业博士学位的内在规律与独特品质，全面发挥专业学位教育在法治中国建设中的应有作用。

我们知道在习近平法治思想的"十一个坚持"中，有一个坚持跟我们专业教育直接相关，那就是"坚持建设德才兼备的高素质法治工作队伍"，这里用的是"法治工作队伍"，不是过去提的一般的政法队伍，但政法队伍为大前提是千真万确的。

（二）要抓住领导干部这个关键要素

这就明确了深入推进全面依法治国建设法治中国的方向，对于法治人才提出了全新的要求。这为法学教育赋予了崭新的历史使命，进一步彰显了法治人才在法治中国建设中的重要性。按照这样一个要求来讲，可以说法律专业博士学位教育应当全方位地契合和回应以下三个基本要求：

第一，法治中国实践。二十大报告大家都已经学过，这里面提出的是"坚持全面依法治国，推进法治中国建设……更好发挥法治固根本、稳预期、利长远的保障作用，在法治轨道上，全面建设社会主义现代化国家"。

第二，中国式现代化。在促进中国式现代化的进程中，如何思考和谋划中国式法学教育现代化的进程，以及在这个进程中审视、把握和推进法律专业博士学位研究生的教育，这是一个非常具有前导性的、对未来30年甚至更长时间的发展具有指引性的方向性问题。

第三，教育治理体系。因为全面依法治国是国家治理的一场深刻革命。那么在中国的教育治理体系和治理能力现代化的大格局中，谋划法律专业博士学位教育，需要厘清其在中国研究生教育与高等教育体系改革中具有的特定地位。所以把这些牵制性的问题明确以后，可以有效地解决我们法律专业博士学位教育的两个前提性的问题，即培养目标和培养对象的问题。

在目标取向上，以全面依法治国推进法治中国建设为根本价值，法律专业博士教育应当定位于培养全面依法治国的高层次建设者、法治中国建设的实践推进者，宏观的蓝图已经绘就，现在主要是如何去推进落实的问题。

在培养对象上，可以分为两个大类，这就涉及我们招什么人、培养什么人，即进和出的问题。第一，法治各专门性人才。第二，党政机关的领导性人才。前者包括了立法队伍、行政执法队伍、审判队伍、检察队伍、监察队伍、律师队伍，共计六支队伍。而律师队伍里包括了社会律师、公职律师和公司律师三种。后者主要是在党的机关和行政机关从事非专业法律职业的人员，尤其是领导干部，因为领导干部要作为一个关键少数，成为"十一个坚持"里面压阵的关键问题。

二、法律专业博士学位教育的品性

在明确了它的品位定位以后，需弄清其究竟是一种什么样的性质。从现实来看，不可否认，法律专业博士学位研究生教育并不是、也不可能与法学博士完全区隔开来，而成为一个孤立的教育类型，而是应当符合法学教育的一般性，因为它毕竟是在我们法学院培养，不是在律师行业、机关里面去培养。在法学教育的普遍属性之上，凸显其独有特性，既要把握法学教育一般规律，又要探明和提炼其独有特性。总体而言，应当以新法科教育为根本定性来创新和发展中国特色的现代法律专业博士研究生教育体系，可以归结为以下四点：

1. 实践性与理论性相结合。以应用性为主体，这个我们已经初步达成共识，但是如何去突出应用性，这确实是一个难题，因为它毕竟是一个大学正规的最高层次的法学教育，而不是一个职业技术教育。法学教育有两种类型的争议，究竟是职业教育还是精英教育，还是职业教育和精英教育并存，这里有不同的观点。但是我个人认为法学教育还是以精英教育为主，因为不可能去设立一个职业的法律教育学院。所有的职业教育学院里面没有法学，法院中专都已经撤掉，因为这个是管理社会的正义问题、管理老百姓的权利问题，涉及各个方面，所以法学教育是极为困难的一件事情，法学是极具有挑战性的一个学科，跟其他应用性学科有本质的区别。

2. 规范性与创新性相统一，以创新性为根本。创新是新发展理念里面的第一个关键词，高质量发展首先要创新性发展。法学教育当然是守正教育、规范教育，同时它又是一种创新教育。因为作为最高层次的教育类型，法律博士教育应当利于培养能够创造性地解决法治中国建设中的重大、复杂、疑难法律现实问题的高端人才，有别于传统的学术研究性人才。而且这类人才应当以问题为导向，以立法、执法、司法、法律服务以及党内法规体系建设和监察法治实践中的重大需求为核心观的高层次人才。

3. 法学与跨学科相融合，以复合型为特色。法律是一门社会科学，但是我们知道它的调整对象是无所不包的。法学家不仅是一个社会科学家，还用类似于科学家的方式来表述法律。当然法律博士不是一个法学家，但是这里面主要是谈跨学科的属性。

所以对于我们这样一些专业政法院校、重点综合性大学，包括像上海交通大学，以及像华中科技大学这样过去以理工医为特长，现在是全面发展文科、理科、医科、工科为导向的这样一个大学来讲，应该更好地发挥它在法律与医学（包括公共卫生）、法律与管理学、法律与经济学、法律与智能制造、人工智能法学、大数据法学、生命法学、医事法学等各个方面的优长，重点突出不同的学校在法律博士专业类型教育里面应有的作用，而不仅仅是单纯呈现法学院所能够胜任的功能。这时我们需要进行协同攻关，单纯的法学院已经解决不了这样一个问题，因为它是以实务为导向的。

4. 国内法与社会法相协调，以外向性为必要。我们正面临百年未有之大变局。那么关于怎么样实现更高水平对外开放以及构建双循环的格局，习近平总书记的"十一个坚持"里面谈到了"坚持统筹推进国内法制与社会法制"，其中社会法治、社会法学为高端法律人才的培养指明了方向。我们在 20 多年前培养卓越法治人才里面进行的定位，现在看来是正确的，而且应当走得更远，这正是我们法律专业博士学位非常重要的内在价值。

三、法律专业博士学位教育的品质

那么在明确了它的品位和品性之后，究竟我们培养一个具有什么样的内在素养及内在高品质的、高品位的、高境界的法律实务性人才。按照"十一个坚持"里面谈到的，是要"建设德才兼备的高素质法治工作队伍"，究竟包括哪些新标准、新要求、新内涵。我觉得我们在设计这样一个培养方案的时候，还是应当回到中国法治现代化的战略定性和定位上面去，紧扣新时代法治强国建设的目标，以"十四五"规划和 2030 年远景目标规划，以及颁布的法治中国建设规划、法治社会建设实施纲要、法治政府建设规划纲要，特别是二十大报告对法治中国建设的战略定位为根本依据。对于法律专业博士研究生教育制度进行体系性的、整体性的、战略性的谋划和设计，而不是在现有的法律硕士教育的基础上进行简单地重复与拔高提升，它绝不是法律硕士专业学位教育的简单延伸。当然有一些实践中的具体细节和技巧、方式是可以参考、可以借鉴、可以去发展的，不是说要彻底地切割开来，但是它绝不是一个低水平的重复建设，如果只是把学位的学习时间延长，课程再增加几门，根据难度系数来划分，那这个只是简单的提升，不符合根本的区别，但可以作为一个参考。

因为规划也好、纲要也好、报告也好，对于未来的 10 年、20 年、25 年的发展，以及第二个百年目标实现来说，既有宏观的现代化国家的建设要求，又为法治中国绘制清楚了线路图、列出了时间表、制定了任务书。所以我们现在的法律专业博士，跟法学专业博士相比有着非常重大的区别，就是要定位于法治中国建设的实践。所以，我们能够谋划未来的 5 年、10 年、20 年、30 年发展当然更好，至少能够管长远，在一个时期之内不会因为制定的文件很快过时，导致规划在三五年后就不能够适用了，但有一个不断摸索和不断积累经验进行修正的过程。

法律博士专业学位人才培养需要注意的几个问题

深圳大学法学院院长　刘　俊

针对我国法律专业博士点的设立及其人才培养，我想就下面几个问题，谈谈自己的看法。

一、我国法律专业学位设立的意义和培养的目标

我国法学教育，首要解决的是为谁培养人、培养什么样的人以及怎样培养人的问题。20 多年前，我国设立法律专业硕士学位点，其主要目的是通过法学本科＋法律专业硕士的模式，培养我国法治建设所需要的职业法官、职业检察官、职业律师；通过非法学本科＋法律专业硕士，培养企业法律顾问或者社会所需要的普通法律人才。

当我国进入新时代，面对全面依法治国、建设中国特色社会主义法治国家、推进国家治理体系和治理能力现代化等重大国家战略任务时，我们深刻地认识到：国家最欠缺的，不仅仅是一大批具有国际影响力的法学专家学者，更是具有丰富法律实务经验、通晓法律规范体系、法学理论功底深厚的高端法律职业人才。一个成熟的法治国家，既要有一批具有国际影响力的法学专家，也要有一大批专家型的法律职业人员，包括立法专家、法官、检察官、律师等群体。因此，设立法律专业博士学位点，建立法律专业博士培养教育制度，是新时代全面依法治国战略的必然要求。

法律专业博士学位人才培养的目标，除了大家都基本提到的培养专家学者型职

业法官、职业检察官、职业律师之外，还应当包括在依法治国战略背景下，社会经济发展亟须的高端法治人才，如：专家型职业化立法人才、高新科技企业专家型知识产权法职业人才、外向型企业合规专家型人才等。

二、法学本科与法律专业硕士、专业博士教育之间的关系问题

法学教育，无论是学术学位还是专业学位，都有其共性。这个共性，就是必须具备完整、系统的法学知识体系。无论是学术学位，还是专业学位，都必须建立在这一共性的基础之上。纵观我国改革开放以来的法学学位教育，我认为有两个方面，欠缺应有的区分度：一是法学学术学位教育与专业学位教育区分度；二是法学学士（本科）、法学（律）硕士、法学（律）博士学位相互之间的区分度。这两个方面的区分度不足，原因并不在制度功能、目标等制度设计层面，而是培养过程出了问题。一方面，法学教育主体，特别是一线教师，对不同类别、不同层次学位人才培养的目标任务，没有准确、深刻的理解，对各类、各层次教育规律性的把握不准，观念意识还没有完全转变过来；另一方面，教学内容、教学方法、培养模式等，也没有依据不同学位、不同学历的目标任务，进行实质性改革。甚至有些老师，本科生的课怎么上，硕士、博士研究生的课也就怎么上；学术硕士、博士研究生的课怎么上，专业硕士、博士研究生的课也就怎么上。形成这种结果，我们不能责怪教师，我们更应当看到各法学院校普遍缺乏推动教师观念转变、认识转变、教学内容转变、教学方法转变、教学能力提升的系统的集体行动和激励措施。

关于法律专业学位人才培养，法律硕士的主要目标任务，是在法学本科已经形成的法学专业知识体系的基础上，形成相应的法律职业技能或娴熟的法律规范运用能力，也就是要具备能够熟练地处理各种具体案件的能力。一句话，法律专业硕士教育，应该强调法律职业技能的系统化训练。现在的法律专业硕士教育，还是缺乏法律职业技能的系统化训练，包括法律职业技能训练标准、教师的实务教学能力、专业化的训练平台等法律职业技能训练要素体系，都还没有很好地建立起来。即使有一些职业技能训练，也还是零碎的，未形成严谨的、具有内在逻辑的体系。如果

是非法本法硕，在硕士培养阶段还需要建立起完整的法学知识体系，因此任务会更加繁重。

法律专业博士学位，就是要培养法学理论素养和法律职业能力更高、更强的高端法治人才。如果说我们是把专业硕士看作法律职业人才供给的 1.0 版本，专业博士就相当于 2.0 版本。通俗地讲，就是要能够在实践中发现问题，能够对具体的问题进行提炼归纳，并形成一般性创新理论的能力。

三、法律专业博士学位人才培养内在逻辑问题

人才培养目标，是特定人才培养体系的逻辑起点。如果将法律专业博士培养目标，形象地概括为培养专家型法官、检察官、律师等高端法治人才，那么，招生条件、人才培养标准、人才培养方案、人才培养模式、教学内容、教学方法等各方面，都只能由这一培养目标合乎逻辑地演绎出来。

关于法学专业博士招生对象，我个人比较倾向于法本法硕，或者至少硕士研究生阶段专业为法学（包括法律专业硕士）。之所以强调本科阶段专业为法学，是因为在我国特殊的法学人才教育培养体系中，法学本科教育几乎是形成系统、合理法学知识体系不可替代的学历教育。在我从事法学教育 40 多年可供观察的样本范围内，除了 20 世纪 90 年代之前，非法学本科生在法学研究生阶段能够基本构建起合理的法学专业知识体系外，现阶段，无论硕士乃至于博士研究生阶段，都难以构建起完整、系统、扎实的法学知识结构体系。没有完整、系统、扎实的法学知识体系，很难实现法律专业博士人才培养目标。个别非法学本科出身的年轻一些的法学专家，即使已经是法学教授，在教学或者研究中，偶尔也会暴露其在法学知识体系方面的"先天"不足。我这样说，绝不是对这些人的不认同，而是对一个带有一定客观规律性事实的判断。

法律专业博士招生过程中，也非常有必要招收一批优秀的在职且具备硕士学位的法官、检察官和律师。他们不仅形成了系统的法学知识体系，而且具备一定的实务经验和感性认识，从理论上讲，最符合法律专业博士人才培养的要求。因此，我们可以"两条腿"走路，一是招收"法本法硕"应届生，二是从在职法律实务部门

中招收一定比例的硕士生。同时，在培养过程中，建立一些评价指标或观测点，通过两组数据对比分析，积累经验，逐渐完善招生标准条件。

法律专业博士培养模式，特别需要强调法学教育机构与法律实务部门合作培养，构建具有实质意义的人才培养共同体，实现法学教育机构与法律实务部门之间的深度融合。构建法治人才培养共同体，虽然在我国最高决策层和法学界早已形成共识，但要打破相互之间的现存壁垒，真正将法律实务部门优势转化为法律博士专业人才培养质量，还需要解放思想、大胆创新。

法律专业博士培养方案，虽然直接服务于人才培养目标，但基于人才培养目标制定的人才培养方案，必然通过特定的教学内容和教学方法才能实现。以讨论、互动为核心的教学方法，决定了人才培养方案的课程形式，应当以专题设计为主；以创新、研究、思维方式为培养目的，决定了人才培养方案的教学内容需要具有开放性、灵活性，并且要在学生大量检索和资料分析的基础上，才能完成专题讨论；法律职业技能的培养，决定了疑难案件分析、类案检索与分析应当成为教学内容的重要组成部分。总之，教学内容与教学方法的创新，是制定人才培养方案、实现法律专业博士人才培养目标的核心要素。

四、法律专业博士学位教育需要突破的两大难题

法律专业学位人才培养，存在观念转变和教师时间精力投入的两大难点。

一方面是观念转变问题。法律专业学位人才培养，不仅涉及法学教育机构、教师观念转变问题（如法律专业硕士以调研、疑难案件分析为题材的硕士学位论文，在评阅阶段常常被否决），更难的是社会整体观念的转变问题。以法律专业硕士为例，许多用人单位，包括法院、检察院、律所等，在既有学术学位研究生，也有专业硕士研究生的情况下，都不太认同专业硕士。这里固然有培养教育本身的问题，但更主要的还是观念问题。社会上对专业硕士培养目的、特点不了解，常常仅凭感性、经验判断，认为法律专业硕士就比法学硕士低一等。社会观念不转变，必然影响专业学位人才培养的发展。国家基于全面依法治国战略和社会客观需求，有针对性设立和培养的法律专业博士，是否会面临同样的社会观念障碍，至少我不太

乐观。

　　另一方面，教师在时间经历方面的投入问题。从表面上看，法律专业学位人才培养，与学术学位培养区分度欠缺，但究其原因，则是教学方法和教学内容的改革创新问题，是法学教师法律职业教学能力提升的问题。教学方法和教学内容不改，仍然沿用老师们最熟悉、最擅长的法学学位教学方法和内容，就不可能形成应有的区分度。而改革教学方法和教学内容，涉及教师的教学能力，特别是法律职业教学能力的提升，这需要教师大量时间精力的投入。这既是更深层次原因，也是难以突破的瓶颈。如果从更深层次原因分析，教师时间精力投入，仍然只能算作表象。导致这一表象的真正根源，是法学教育机构缺乏系统的、整体性推动教师时间精力投入、改革人才培养模式、教学方法和教学内容的顶层设计、集体行动、科学考核评价机制和有效激励措施。只有法学教育机构为此积极持续推动，这一难题才可能得以解决。

何以可能，何以可为：法律博士面面观

重庆大学法学院院长　黄锡生

就目前博士生的招生类别来看，重庆大学法学院主要分为两类：一类是传统的全日制法学博士，我们从 2005 年开始招收，2010 年获得法学一级学科博士点，至今也有 15 年的博士生培养经验；第二类是同等学力博士，更多面向在职人群，我们从 2016 年开始此类别的招生，如今也有在读同等学力博士 100 多名。为了能够提高博士生培养质量，我们对于同等学力博士制定了严格的准入和准出门槛：一方面，申请就读同等学力博士需得获得省部级及以上学术奖项；另一方面，在日常学习和毕业门槛上与全日制法学博士的条件完全一样。值得一提的是，我们重庆大学法学博士生的毕业条件也是很高的，目前来讲要求发表三篇 C 刊论文，其中包括一篇领域内"重要期刊"。可以说，重庆大学法学博士生的毕业条件在全国来说也属于最高的一档。近年，我们也制定了更加严格的博士毕业论文考核评价体系，这使得很多博士生都面临着很大的毕业压力，需更加合理地规划其博士生阶段的学习和生活。而这在客观上也提高了我们博士生的培养质量，从我们学校出去的博士生，有的能直接被聘为副教授。但与此同时，我们的毕业率是相对较低的。据统计，从 2016 年至今，我们仍有百分之五十几的学生没有毕业，特别是近年来发文章的难度不断加大，导致很多学生难有产出，甚者有 8 年都无法完成学业的。我们也在关注这个问题。总而言之，我们法学院目前培养模式主要分为两种，即全日制法学博士和同等学力博士。

可以说，法律博士培养目前还处于探索阶段。

一、法律博士办不办

我认为，法律博士的设立是有必要的。首先，法律博士具有较大的社会需求。目前，我们的法律职业共同体大多是由本科和硕士学历学位的人才组成的，博士占比较低。而随着入职时间的推进，很多法律人会觉得需要一个机会和平台提高自己的理论水平，以满足日益复杂的社会和实践需要。据我了解，很多司法部门的人群都有类似的体验，他们愿意继续深造。而作为高校，应该为这类人群提供学习和提高的机会。其次，其他学科也有类似的培养经验可为借鉴。以重庆大学为例，我们面向在职人群推出了工程博士专业学位，即培养先进制造领域工程技术领军人才，满足创新型国家建设对高层次应用型工程技术创新人才的需求。目前，我们学校在这方面有了多年的培养经验，取得了较好的社会效益，能够为我们办好法律博士培养工作提供很好的经验支撑。再次，法律博士的设立能够缓解较为紧张的指标问题。我们知道，近年来国家对每个学校的博士生招生指标都进行了严格的规定，像我们学校以前最多的时候每年能招到 40 名博士生，而现在随着专业的细分，每年我们只有 15 个左右的指标，比以前减少了一半还多。而法律博士的设立可以在不"抢占"原有指标的基础上，增加更多的名额，培养更多的人才。而培养出去的这些人才能够解决不断扩招的法学院师资短缺问题，满足不同地方和不同层次院校的需要。最后，法律博士的设立可以丰富法学培养体系，为国家和社会的发展提供更多的实务人才。我们需要清楚一点，对于我们整个国家和社会而言，并不是所有的法律人都要从事法律工作，也不是所有的博士生都要从事科研工作，我们培养的最终目的是服务于国家和社会的发展。相比于学术型博士，法律博士的设立能够培养出更多高层次的实务性人才，满足国家对紧缺型人才的需要，这也能为国家和社会作出重要的贡献。同时，让更多的司法人员接受高级别的法学教育也能够提高他们的法治思维、法治意识和法治水平，从而提高整个国家的治理能力和治理水平。因此，法律博士的设立是很有必要的。

二、法律博士如何办

法律博士的培养是一个系统性的过程。

首先，关于法律博士的招收问题。我认为，法律博士的招生对象应该是获得法学（法律）硕士学位后 5 年以上且有相关工作经历的人群。为什么要工作 5 年以上呢？因为 5 年以上从事相关工作的时间和经历，会使他们对司法实践和社会需求有更清晰的认识，也会更加清楚自己学习的目的。而如果招收对象包括应届生，就跟我们的全日制法学博士没有太大区别，法律博士设置就意义不大。

其次，关于法律博士培养过程的问题。对于法律博士的教育方式，我提倡全日制攻读，学制采取 3—4 年比较合适。因为如果是在职攻读的话，法律博士就很可能异化为"镀金"的工具，并不能起到学位设置的原初目的。当然，如果是真正在职的话，也可以攻读同等学力博士。在教学方式方面，我认为既然法律博士来源于实践需求，那么我们的教学就不能只停留在理论层面，也不宜采取传统的课堂教学体系，而应采取"菜单式"的教学体系，类似于培训班模式。一是要关注学生需要学习什么，有针对性地进行课程设置。二是在毕业条件上，不宜设置强制性的论文发表要求，可以采取针对性的考核评价，如举行讲座或是参加全国的、国际性的学术会议。而对于他们的毕业论文要求也不宜过高，法律博士毕业论文可以要求 6 万字到 10 万字即可。此外，优秀的案例报告也可以成为替代性的考核方式，坚决破除"唯论文"的不良倾向。

再次，关于法律博士毕业去向的问题。我主张，毕业去向由他们自己决定，或是回到原单位，或是另寻就业，这些不是学校和老师能够干预的了。

最后，关于法律博士招收数量的问题。我认为，法律博士的招生可以适当放开一些，多争取一些指标。客观地说，法律博士的需求量还是挺大的。像我们学院就有 100 多名学生申请同等学力博士学位，他们很多人都希望能够有机会转成法律博士，特别是很多已经在司法部门工作十几年的人，也希望能够重新回到校园里面提高自己。

综上所言，法律博士的设立不仅可以丰富法学教育培养体系，也能够为国家和社会培养更多专业性、实务性法治人才。目前，法律博士已被纳入《研究生教育学科专业目录（2022 年）》，可以说法律博士的设立已经具备了较为深厚的理论和实践基础。接下来，我们的任务就是研究如何更好地培养法律博士。

法律专业博士培养的路径

华南理工大学法学院院长　蒋悟真

我们几个高校像重庆大学、华南理工大学、上海交通大学，都是理工类大学，每年都有很多优秀学生到上海交通大学去深造。这么多年为什么清华大学、上海交通大学的法学能够办得这么好？我留意了一下，我们大概都是 20 世纪 90 年代中期左右招本科生，华南理工大学是 1995 年招本科，1993 年招专科，那时候叫经济法专业。当然，学校的支持很重要。因为理工类学的科研经费、国内经费非常充足，多扶持一项文科有助于法学专业的发展，包括引进师资等各方面。所以我觉得这么多年来上海交通大学凯原法学院取得这么多瞩目的成就，与学校的支持、学院老师的奋斗是分不开的。

第一，法律专业博士点的培养，我觉得最重要的一个担忧来源于这么多年来法律硕士的培养质量不高。不管是名校也好，还是一般普通学校也好，法律硕士的培养质量实际上并不高。很多学校招得特别多，一个老师指导好几个，甚至十几个专业的硕士。法律博士点设置如何避免重复法律硕士培养的缺陷，我认为是一个问题。因为硕士招多了，实际上老师是没有尊严的，社会也没有尊严。如果法律博士点搞不好，就会沦落至这么一个状况。令人担忧之处在于：法律博士的培养课程目标该如何设置，法律硕士跟法律博士到底有什么区别，等等。

第二，西方国家培养法律博士的经验，如何与中国国情有机地相结合。大家知道美国是没有法律本科教育的，他们培养法律博士的经验无法被直接借鉴，因为我们不具备这个前提基础条件。现在从非法律专业本科出身的律师并不是太多，虽然后来我们培养了一些法律硕士，但是在中国的国情之下仍难入主流，中国的法学教育还是以本科教育为主，法律职业者也还是以法本为主。所以说西方的经验如何跟中国的国情，尤其是我们现在本科教育体制下的国情以及我们现在这种培养模式相结合，是我们值得考虑的问题。

第三，培养质量。如果要与法学博士相区别，那么法律博士的培养质量在论文方面如何进行区别。法学博士这么多年来以博士学位论文为衡量依据，那么法律博士是完全以学术论文还是包括其他方面来进行衡量。一般来讲法学硕士和法律硕士的培养质量就完全不一样，在市场上法学硕士的含金量高一些，社会的认可度也高一些。为什么会这样？我觉得这也是一个要考虑的问题。

在具体的操作方面，谈一点个人的看法。在法律博士点设置资格的问题上，现在指导目录还没有相关的标准。今后哪些学校会获得资格，是否包括比如说西南政法大学、华东政法大学、中南财经政法，甚至包括中国政法大学、西北政法大学这些政法名校，尚未可知。而我们有一些学校虽然办法学教育的时间不长，但是我们是 985 高校，可以自己设置博士点。这些院校是否都能获得资格，希望国家能够尽快拿出一个可供操作的标准。

第四，课程的设置。中国这种体制下衡量大学教育最主要的一方面就是课程设置。法律博士的课程设置跟法律硕士、法学博士之间的差别到底体现在哪里？课程设置也是一个双刃剑，搞不好就重复了。

与课程设置相关的是师资的问题。国外的律师、法官做久了就回高校任职了，而我们国家并非如此。中国目前的高校和司法实践部门几乎没有贯通机制。我们有一些高院的法官，成为一级法官以后年纪尚轻，其中也有一些获得过法学博士学位，也希望到高校来任职，但是副教授的职称都无法获得。而且我们现在有很多社会兼职，以较为保守的广东省为例，现在我们的法官也好、检察官也好，当了副院长、院长之后再到高校来兼职要经过严格审批，而且基本上都不被允许了。作为一个免费的、免酬的兼职，校外硕导都不允许前者担任，这也反映出今后师资难以保证的问题。我发觉有一些法官还是很有水平的，作为名校的硕士或者博士毕业生，他们对一些经典案例的撰写是很动脑筋的。所以如何通过一种合理的机制让这些高水平的法官和检察官成为高校的兼职也好，或者说全职的也好，恐怕还是需要依靠其他部门打通相关的人才流动机制。

第五，我不太赞成现在法律硕士培养动不动就搞全国统编教材。一个老师有没有水平需要看他自己的学习涵养。包括现在涉外人才的培养，高端的涉外人才如果没有在国外待过几年，如果连国外的文化都不了解，怎么能够了解国外的情况。不可能在国外待一年，甚至从来没有去过国外就能编写出一本统编的涉外教材，然后就培养了社会人才。社会人才一定要了解国外的文化，仅一年仍是不行的。所以说我们现在几个经典的案子，为什么要讲外国的历史，不是说在国外待一年就能够很充分地了解国外历史，涉外历史关系到的不仅仅是英语的问题，还是制度背后文化深度的掌握和了解的问题。所以我觉得设置法律博士点，要避免类似的情况。

最后一个小问题，希望通过一个什么样的机制和平台，召集全国一些重要的院校来共同探讨和关注这个问题，制定今后关于这个专业的培养机制，使其真正地具有开放性，使设置的制度具有可操作性。我觉得教育部的教学指导委员会，我们的法学教职委，包括法学教育研究会，都可以共同牵头把这个事做好。

关于对法律博士学位设置的几点思考

贵州大学法学院院长　冷传莉

法律博士的设立是当前大家都比较关心的一个话题，咱们国家的法学教育经过了这么多年的发展，形成了法学的学术学位和法律的专业学位，这样一个二元化的培养模式，应该说是独具法学自身特色的学位管理体系或者说人才培养体系。在这个背景之下，设置法律博士学位，被认为是学位类型二元制结构框架之下，满足当下法治实际需要的一种现实的选择。但是关于法律专业博士设置的顶层设计、培养的目标与模式、师资问题、培养单位遴选的问题、招生对象的选拔问题、课程设置指导方式，包括论文标准、毕业要求、评价体系与质量标准等这些方面应该说都还没有确定。前面各位院长所提到的培养区分度，法学教育当中理论与实践的关系，其实也是长期存在的重要难题，也是设置这个学位以来一直存在的争论，确实需要大家的深入思考。

第一，国家法治建设对于正规化、专业化、职业化高素质法治工作队伍的一系列新要求，成为现在加快设置法律博士的基本依据。此前一直在争论，设置法律博士学位的要求是去年最后才定下来，这也体现了我们国家法治建设对高层次应用型法治人才培养的诉求与要求。就现状而言，相较于学术型的研究型人才，高层次应用型的法治人才确实是更加匮乏的。我个人认为法学应该被当作一门实践性的学问来看待。国家法治建设当中所需要的法学人才的特质，是具有法律思维，能够较好地运用法律专业的知识，融会贯通地正确处理法律问题，这样的应用型人才主要包括法官、检察官、律师、监察官这些法律职业共同体的成员。从事学术研究，我觉得是少数人的事业。

那么目前这一部分人员当中突出的现状是什么？具有这种高级学位（博士学位）的人才数量确实是非常少。我们调研过贵州省高级法院，现有的127个员额法官中，法学博士只有8名。我们全省3110名员额法官，法学博士只有10名。也就是说除了省高院的8名，还有2名在基层。省检察院的博士就更少了，这是因为我们国家的法学博士研究生的教育主要是以法学教学和理论研究作为目标。法学博士的职业方向也主要是从事教学和理论研究，因此，大部分博士毕业是进了高校或者科研院所。多年来固然也有一些获得博士学位的人进入实务部门，可能发达地区的人数会多一些，发挥了专业的优势和积极的作用，但是从总体数量上看还是微乎其微。

一些高校现在也不招收在职攻读的法学博士生，这也影响了规模提升的问题。另外，随着这几年的案件数量激增，司法实务部门对博士毕业生的吸引力就减弱了。因为觉得工作很辛苦，新进入司法系统工作的博士数量比以前更少了，甚至还出现了倒流的情况，像有一些高校，我们学院就从省高院调过来2个博士当教职。

目前全国法学博士学位授权点数量也不多，大约有60所，培养的规模本身也比较小。所以不可能满足或者兼顾对博士层次的这种高层次应用型专门人才培养的需求，这是我讲的第一个问题。

第二，尽管我们都说法学理论研究必须与司法实务紧密结合，但真实的情况是，现在学术导向的法学博士的培养目标与方式，与应用型导向的高级法治人才培养需求之间存在很大差异。之前我们对法学博士的培养要求是一篇一级期刊，现在基本上是两篇，但还有别的一些学术性的要求。

现在招生也有一些改革，比如说申请审核制，要求法学博士的招生对象具有前期的科研成果。则一些实务人才肯定无法入选，因为基本上前期科研成果都比较少。我们现在的法学博士，因为定位是理论研究人才，所以培养重点是学术思维的训练，尤其注重学术论文的写作与发表，在实务操作上则无任何的要求。

我接触到的一位毕业于一所不错大学的民商法博士，论文发得相当不错，法C都发了两篇，但是面试的时候他完全不懂案例分析的基本方法，可你是民商法的博士，又不是法理博士。法律的实务能力几乎不具备，我对此比较惊讶。这种奇怪的知识结构，其实也明显反映出当前法学教育当中存在的一些突出问题。

随着正规化、专业化、职业化程度的要求不断提高，现在本硕学历的法律人才，难以满足法治实践对高素质法治人才的要求。而现在的法学博士的人才培养不仅在数量上欠缺，在具体内涵上也无法满足或者兼顾从事实务部门高级岗位工作的需要。因此，国家决定设置一个专门的法律博士人才培养机制来解决这个问题，我总体是同意的，因为这既有实际的社会需求，也符合国家法治建设的需要。

第三，可能也是最难的一个问题，就是设置了以后怎么办的问题。法学作为一门古老的学问，既需要高深的学识、深厚的专业知识积累，也需要高度的实际应用或者实践性能力。理论与实务、学术与应用之间其实并不存在绝对的分裂。即使写论文也不能空对空地搞逻辑演绎。所以我建议在法律博士的各个环节，包括培养对象、修业年限、研究方向、课程设置、培养方式、指导模式、学位论文评价体系这一系列的设计当中，一定要将理论与实践真正地紧密结合起来，甚至带动整个法学教育的改革。我觉得既然要办还是要想办法把它办好。

具体而言，首先是招生对象方面应从政法实务部门选拔，这类型人才思想素质比较好，职业道德水平比较高，同时具备法学研究生学位（含专业学位和学术型学位），并且是工作5年以上的优秀实务人才。首先在生源上要保证是这样的一批人才。

其次在课程设置方面，我觉得应该定位于高阶的课程。这里的高阶不应该是完全脱离基础理论的高阶，如果单纯只讲案例的话其实也很难提高。很多的案例出现错误，其实是基础理论没搞明白，绝对不应该将其理解为一个纯实务的课程。实际上单纯讲实务操作，这些法官们已经非常清楚了，老师根本讲不过他。因此一定要精心设计，涉及实务当中存在的一些疑难复杂的问题，同时有可能反过来对理论、基础知识以及一些东西进行反思，甚至完善。要系统学习法律适用的方法这一类的理论密切联系实践的高阶课程。理论法学与应用法学要注重融合，实体法与程序法要真正融合。还有各个不同实体法之间要怎么融合，比如说有些案子涉及民法与刑法，涉及民法与行政法，涉及各个法律体系之间的体系化效应的问题，这些问题都非常深，也是我们讲的法律博士当中高层次实务人才所需要应对和解决的问题。我们现有师资很难满足以上新要求。需革新现有的师资队伍的结构，包括教师知识结构、实务能力，都需要深刻的改革。

再次，毕业论文方面，我觉得确实要有明确的实务导向，但理论要求也不能缺失，这两个概念本身就不能够分开。所以在密切联系实际的基础之上，也要有一定的理论高度，要从实务问题当中抽象出一般性的理论问题，包括如何进行完善。若非如此，我觉得也难以真正实现高层次法治人才的培养。那么博士论文我觉得就没有必要发表论文，可以考虑设一些别的条件，比如鼓励学生完成一些全国优秀裁判文书、主持一些课题、设计一些实务中的课题如何结项，等等。

最后，招生单位的遴选，可能都是我们大家比较关心的问题。据了解，上一届法律硕士教指委曾有专家提出，先提出十所单位，比如说五院四系试点，但是大部分委员提出范围还是可以大一些，因为确实有实际的需求，不过可以设一些门槛，包括从有办学历史、学科平台、师资队伍，包括有博士点的院校当中遴选。

关于施行申请制，因为有些优秀的法学院可能基于自身考虑不想招法律博士，也无需要求其进行招生。那么遴选的时候，就需要结合地区的平衡、布点进行考虑，比如结合我们贵州省高院的实际情况，西部地区比发达地区可能更迫切地需要提升高层次法治人才的质量。

法律博士是实现打破高校和社会之间的
体制壁垒的桥梁

中南大学法学院院长　许中缘

教育部在《研究生教育学科专业目录（2022 年）》中，新增了法律博士专业学位，目的是培养具有较强专业能力和职业素养、能够创造性地从事实际工作的高层次应用型法治人才。基于社会主义高层次法治人才培养在全面依法治国方略中的重要地位，法律博士学位点的增设，对于实现国家治理体系和治理能力现代化，建成法治国家、法治政府、法治社会具有重要意义。不过，我国法律博士是在既有成熟的学位体系中增设的一种学位类型，学者对法律博士如何招生、如何定位并没有形成共识，我将对此进行探讨。

一、法律博士应为法治实践部门高层次法治人才提供桥梁

习近平总书记在中国政法大学考察时指出，"法治人才培养上不去，法治领域不能人才辈出，全面依法治国就不可能做好"。高水平法治人才包括两种类型：一是处在法治实践前沿的法官、检察官与律师，二是进入这些行业大学生，他们均是法治建设的主力军。在校的大学生是法治人才的新鲜血液，这部分人才培养不好，法治人才建设将会出现断层，从而将严重影响法治队伍建设。处在法治实践前沿的法官、检察官与律师是法治队伍建设的主力军，他们的法治水平的高低，直接影响到法治建设的质量好坏。遗憾的是，高等学校法学院（所）承担了大学生社会主义法治人才培养的使命，处在司法实践前沿部门的法治人才的再培养问题，却一直受

到忽视。长期处在司法实践中的司法工作人员，有进一步学习与提升学历的需求，但国家除了设置非全日制法律硕士之外，就学历教育而言，基本上没有提升的空间。一方面，法学博士本身的理论性，与法官、检察官与律师的实践性要求并不一致，高水平的理论研究限制了他们进一步学习发展的空间；另一方面，法学博士具有非在职性的特点，他们的报考资格已经被大部分高等学校限制，这部分人员学历再提升已经缺乏相应渠道。设置法律博士该种专业学位，能转变该种不能、不行的现实。

更为重要的是，在全面依法治国过程中，法学教育的同质化导致一些特别领域的专业性人才缺乏。在现有的本科、硕士学历学位人才培养中，我们已经形成了与社会主义法律体系相匹配的专业学科体系。但成熟的学科体系和相应的专业领域并没有引起必要的重视。比如那些通晓国际法律规则、善于处理涉外法律事务的全球治理人才，同快速增长的法治需求并不匹配；医疗卫生行业领域，那些既通晓医疗规则也熟悉法律之知识的医疗专业人才，也满足不了日益增长的法治需求。

设置法律博士学位，为司法实践部门高层次人才的培养提供成长的路径，法律博士不应该成为法律硕士的加强版。法律博士的培养需要具有丰富的实践经验，因此，应届全日制法律硕士原则上不应作为法律博士的培养对象。法律博士的设立应以培养法律实务领域的应用型、职业型的高级专门人才为目标。因此，法律博士应按照专业进行分类，如：民商事实务、刑事实务、立法实务、涉外实务、医疗实务、知识产权实务、法治政府实务等类型。

二、法律博士的设置应成为将优质实践教学资源引进高校的桥梁

习近平总书记提出法学学科是实践性很强的学科，法学教育要处理好知识教学和实践教学的关系。要打破高校和社会之间的体制壁垒，将实际工作部门的优质实践教学资源引进高校，加强法学教育工作者、法学研究工作者和法治实际工作者之间的交流。高等学校是科学研究、知识传播与社会服务的场所，基于知识群体的存在，教授与学生组成了大学办学的自治主体，高等学校教师具有独立的晋升路径，

司法实践部门的法官、检察官具有自身的司法考核机制，律师作为自由执业主体又处在另一种体制之中。由此，专业性与职业性本身具有明显差异。尽管中央政法委在 2013 年开始实施一项有关中国政府在法学高等学校与法律实务部门之间的互聘制度，即"双千计划"，但这个计划并没有得到很好地实施，其中一个最为重要的原因，就是在现有的体制机制下，教授的专业性与法官、检察官的职业性并不能进行很好的融通。法律博士的设置，应该为司法实践部门的职业性法官进入高校体制提供渠道，优秀的法官、检察官、律师、立法工作者进行行业的融合，长期从事立法、审判、检察、教育、法治政府等行业部门前沿，具有一定的理论基础、具有硕士以上学位、具有丰富的实践经验的老师可以作为博士生指导老师的合作导师，在生源选拔、过程管理与指导、毕业与答辩中的全程协同，将优质实践教学资源引入高等学校。

三、法律博士架构起知识教学和理论教学的桥梁

法学是面向实践的。由此理论与实践的融合是法学所应该承担的一项基本任务。但法学的实践性倾向并不表明法学理论一定指向实践。理论与实践之间具有一定的融合空间。高等学校在培养理论性还是实践性人才方面存在认识上的不足。这个不足一是表现为教师资源的紧张关系：法学院的老师并不一定拥有丰富的实践资源。或者更进一步而言，法学院的老师并不一定能够面向实践。由此在培养学生问题上，理论与实践很难融合。二是作为授课对象学生而言，基于大陆法系成文法背景，法学院的学生需要掌握体系性的理论知识，然而在繁重的学习任务之下不可能具有很强的实践品性。法律博士的设置，既能够将高等学校的教师资源与司法实践的资源进行融合，也因为博士生具有丰富的司法实践资源而为高等院校理论与司法实践的紧密融合提供了强大的机会。

法律专业博士学位培养的几点思考

海南大学法学院院长　王　琦

关于法律专业博士学位的培养机制，在此我也想分享一些个人的思考。

第一，专业学位博士培养目标的问题。这是基于原来的法硕和学硕教育培养的经验教训而进行的进一步思考。关于培养目标，我们要先思考怎么样来区分法律博士跟法学博士。因为不同的培养目标，对我们的课程设计，包括培养方案的制定，包括后面培养的整个过程会产生很大的影响。

比方说我们对学生的毕业要求到底是怎么样的，目前我们对法学博士都有论文的要求，以及其他一些要求。那么专业学位，恐怕在这方面还是要有所区别。实际上我们都很清楚，目前我们在法律硕士的培养上在很多方面都跟法学硕士趋同化，或者说专业学位硕士跟学术型硕士的培养趋同化。因为很难找到明显的区别，尽管我们的培养方案里面也已经提出来。举个例子，比如说专业学位研究生申请学位的要求里面，可以是案例分析，不一定是学术论文。就我们学院来说，我们培养了10多年法律硕士，真正以案例分析申请学位、参加毕业答辩的学生，恐怕不超过5个。据了解，有些学生说不是不能写，是担心写了以后在外审的时候无法通过，因为绝大多数学生都是按学术论文这种形式申请学位的，要是单独搞一个案例分析也不知道人家能不能接受，从而存在这种担心，包括指导老师也有类似的担心。所以我觉得培养目标，包括方案的确定确实是非常重要。

这么多年以来，专业学位的硕士数量在增加，但是质量没有明显提高。从数量上来看，法律硕士是增加了，法学硕士减少了，但是总感觉在质量上好像还不是特别的满意。另外，现在法律硕士的培养当中，有关实务方面的元素还不是很够。我们有时候也请一些实务导师来上课，加强实务方面的师资力量，也想方设法强化实践环节。但实际上我们在指导的过程当中，包括最后的学位论文指导过程中，基本上很难体现出实务方面的一些特征。即便是学术论文，我们也提出要加强实务方面的内容，但总的来说还不是特别满意。

第二，专业博士招生对象的问题。以工作5年的法律或者法学硕士作为培养对象，是一个非常具体的建议。那么至于5年还是3年，这个都没关系。问题在于我们要明确能不能够从非法律专业的硕士当中来招收，还需不需要工作几年。假如有一些是法律本科毕业，但是硕士又不是法学硕士的，那么行还是不行，这个确实都要考虑。

我个人认为，还是要有一定法律基础方面的知识，不然直接读法律博士没有相应的法律专业的基础，恐怕还是不行的。特别是我们现在有很多法律实务部门里面工作的人员，包括法院、检察院、律师队伍里面有很多都是本科、硕士都不是学法律专业的。

第三，专业博士师资团队问题。法律专业博士的师资队伍怎么样才能够满足培养的要求。我们以前也聘了一些实务的导师来加强法律硕士的指导，但总感觉期待的效果没有显示出来。因为最后还是由校内的老师来对整个学生培养负责任。

假如我们对法律博士的培养有非常明确的要求，要有一定数量的校外实务导师作为师资队伍的组成部分，那么能不能真的发挥作用犹待考量。就教训来看，我们也聘了不少校外实务导师，但是效果不是特别明显，包括"双千计划"里面，也给我们推荐了法院、检察院里面的一些职务比较高的、有丰富经验的法官、检察官作为我们的兼职老师。因为忙于公务等原因，他们时间难以保证，因此预期的效果没有显现。当然也有部分实务导师不是组织部推荐来的，我们自己联系的一些实务导师倒是很热情，而且也对我们上课指导学生发挥了很大的作用，非常感谢他们。所以怎么样来构建师资队伍的机制，这是非常重要的。

第四，专业博士学位培养质量保障的问题。目前不少高校已经不招收在职博士生了，我们海南大学法学院也一样的，不过高校教师除外。因为从我们海南大学法学院培养的情况来看，目前不能够按期毕业的博士生基本上都是在职的，他们要兼顾学习和工作，也很为难。如果我们招收对象全部限定在在职的人员当中，怎么样确保培养质量，确实是需要思考的一个问题。如果因为他们忙于工作而降低培养标准，毕业则会过于轻巧，这种专业学位跟学术型博士学位差别太大，确实是一个问题。要不要考虑招收应届的法律硕士或者法学硕士，还是全部招收在职的工作人员，恐怕我们在今后制定相关的规定时还需要再明确。

最后一个小问题，专业博士学位效力的问题。在相当长一段时间里面，教育部的有些文件，包括对学位点的检查、评比、验收，等等，里面非常明确地规定专业学位就是法律硕士，不算作硕士研究生的范围。也就是说，计算硕士研究生学历数量时，把法律硕士剔除在外，只算学术型的硕士研究生。这样的话，我们对专业博士的学位效力怎么看待，就取决于各个单位还有相关的行业的相关规定，实际上现在有些单位对于专业硕士都有些歧视，有些甚至明确规定了不招收专业硕士的研究生。应该说这个不太公平。

总之，没有一个正确的培养目标、培养方案、培养程序的保障，很有可能我们培养出来的博士生跟传统的学术型博士生基本上是一样的，可能就达不到我们期待的目标。

第四编

4

新文科视域下的
学科交叉与
数字法学

关于数字法学学科建设的认识

中国人民大学法学院院长　黄文艺

我想结合学习贯彻党的二十大精神，谈一谈数字法学学科建设问题。党的二十大报告高度重视学科建设问题，明确提出"加强基础学科、新兴学科、交叉学科建设，加快建设中国特色、世界一流的大学和优势学科"。报告还强调，"深入实施马克思主义理论研究和建设工程，加快构建中国特色哲学社会科学的学科体系、学术体系、话语体系，培育壮大哲学社会科学人才队伍"。

本次会议讨论的数字法学，就属于交叉学科的范畴，而且是典型的文理工交叉的学科范畴，是中国特色法学"三大体系"建设中最具潜力的增长点和突破点。近年来，特别是 2022 年以来，中国法学界出现了数字法学研究热潮。我把这股研究热潮概括为四个热点：机构热、办点热、办刊热和办会热。

一是机构热。近几年，各个法学院校纷纷新设与数字法学相关的研究和教学机构。不同学校的名称不一样，但大家都在开疆拓土、跑马占地。早在 5 年前，中国人民大学法学院就由王轶教授领衔成立了未来法治研究院。2022 年 3 月份，我们又成立了数字法学教研中心，形成了科学研究、人才培养、社会服务、国际交流全覆盖的格局。

二是办点热。不少高校纷纷自主设立与数字法学相关的学科点或者人才培养项目。比如说，2022 年以来，中国人民大学法学院、上海交通大学凯原法学院、浙江大学法学院、东南大学法学院等法学院都自主设立了数字法学二级学科点。

三是办刊热。近两年，以数字法学、数字法治、数字法律等命名的中英文法学期刊辑刊相继闪亮登场。粗略统计下，目前已有 10 家左右。正式期刊目前只有人民法院出版社主办的《数字法治》期刊。

四是办会热。近年来，全国法学院校高频次举办各种与数字法学相关的学术会议、高密度推出各种学术活动，形成了学术活动热潮。

面对数字法学热，我们经常讲需要进行冷思考。数字法学作为一门新型学科，确实有很多问题值得学界深入研讨。我认为，至少有以下几个重要的问题：

第一，学科名称的统一问题。名不正则言不顺。从目前来看，各个法学院校所使用的学科专业名称不统一，有计算法学、网络与信息法学、人工智能法学、数据法学、数字法学等多种名称。如果一个学科的名称不统一，则会直接影响到学科能不能够正式成为官方所正式确认的学科，从而影响学术资源分配、招生、培养、就业。所以，学界尽早对这个学科名称达成共识，是非常必要的。数字法学这一名称建制是比较合适的，能够与党中央提出来的一系列"数字 +"的重大命题和重要思想相契合，而且具有比较强的包容力和传播力。党的二十大对新时代新征程数字中国建设作出了科学化、系统化的战略部署，明确提出了数字中国、数字经济、数字贸易、教育数字化、国家文化数字化等"数字 +"的概念。

第二，学科内涵的界定。即数字法学作为一门新型学科，具有什么样的学科特点、内涵。专家们所发表的文章对这个问题的理解也不完全一样。我在 2022 年上半年中国人民大学法学院成立数字法学教研中心的时候，曾提出数字法学有四个鲜明特点：其一，数字法学是一门融合力强的横断性学科，需要法理学、宪法学、民法学、刑法学、诉讼法、国际法等法学各学科学者共同发力，实现各学科各领域数字法治研究的有机整合。其二，数字法学是一门穿透力强的交叉性学科，横跨文、理、工各科，需要打通文、理、工各科关于数字治理的研究。其三，数字法学是一门服务数字治理的实践性学科，需要法学界和法律实务界携手共进，构建起凝练实践真知、具有实践伟力的理论体系。其四，数字法学是一门无国界的全球性学科，需要各国学者切磋交流，实现各国经验、各国智慧之集大成。

第三，研究方向的设置，从各个设立数字法学的学校情况看，研究方向的设置也不太一样。中国人民大学法学院重点设置了三个研究方向。一是数字法学的基础理论，主要是以习近平法治思想为指导，研究数字法学的基本概念、一般原理、理论框架、知识体系、研究方法。二是网络与数据法学，主要研究网络平台责任、网络安全、网络主权、算法规制等问题。三是数字法治的理论和实践，重点研究数字治理的法治化和法治运行的数字化，特别是数字立法、数字执法、数字司法、数字检察、数字法律服务等问题。

第四，学科范畴体系和理论体系的构建。为了有效解释其所面对的自然现实或社会现实，任何一门学科都要发展出一整套得到科学阐释和清晰界定的范畴、理论，形成逻辑自洽、结构严谨的范畴体系和理论体系。因此，创建一门新的交叉学科，必须加强锤炼，加快构建起独具特色、自成一体的范畴体系和理论体系。当前，应深入研究数字法学的基本范畴、基础理论、体系框架、学科方法等问题，特别是数字法治、数字立法、数字执法、数字司法、数字正义、数字主权、数字人权、数字民主、数字安全等问题的研究，推动构建具有中国气派的数字法学范畴体系和理论体系。

第五，教研队伍的组建。新时代法律与科技领域的交叉学科建设，需要穿透"隔行如隔山"的专业屏障，对研究和教学队伍的专业素质提出更高标准和要求。这类交叉学科队伍，不能是只懂法律的法学专家和只懂科技的理工专家的拼盘式组合。否则，就会出现一些法律与科技类研讨会上的窘境，即法学专家和科技专家各说各话，彼此之间不知所云，如此更难以碰撞交流。目前法学界看似欣欣向荣的科技研究热的隐忧在于，这是由并不怎么懂现代科技的法学专家单方面发起的学术行动，因而相当多的研究成果都只能停留于理念式、图景式描绘，并未真正深入法律与科技交叉领域的争点、痛点。因此，新时代法学交叉学科建设需要突破的发展瓶颈，就是培养出一大批系统掌握法学专业知识和理工科知识的交叉学科专家。

第六，全国性交流机制的组建。在数字法学越来越红火的背景下，不少专家提出有必要发起成立一个民间性、非机构性的全国高校数字法学联盟机制。前不久，由中国人民大学法学院牵头，全国十几所高校共同发起，成立了数字法学高校联盟。这一举措得到了中央网信办、最高人民法院、最高人民检察院等有关方面的支持。成立高校联盟的主要目的就是交流信息、凝聚共识、协调行动、增进合作。下一步，要把数字法学高校联盟机制建好运行好，变成法学院校共同研讨数字法学发展的普遍性、突出性问题的协调研究机制。

总而言之，数字法学作为一个新兴学科，需要法学界和法律界共同努力，加快推进学科科学化、规范化、建制化建设，更好确立起中国在数字法学领域的世界话语权和定义权。

新文科视域下的医事法学

西南政法大学教授　赵万一

数字法学应该是现在最热门的一个话题，而我谈的是另外一个话题，也属于学科交叉的范围，属于新文科视域下的一个领域——医事法领域。讲这个话题，主要有两个方面的原因。

一方面是为了顺应健康中国国家发展的重大战略，另一方面就是为了推进新文科建设的发展。现在很多院校包括清华大学、武汉大学、华东政法大学还有东南大学、中南大学等一批高校，相继建立了卫生法学的专业方向，我们学校从 2023 年开始，也在法学下面自设了一个二级学科叫医事法学，从硕士和博士群体中单独招生。2022 年 5 月份，西安医科大学、哈尔滨医科大学还有北京大学医学人文学院共同发起成立了全国高等院校医事卫生法学教育联盟。

医事法学也成为继数字法学之外，另外一个为社会广泛关注的一个新型的交叉学科。另一方面我们要看到，目前无论在学术界还是在教育部门、高校，对于这个学科的学科定位、学科名称都有不同的看法，所以教育联盟也叫医事（卫生），也就是说现在有一些学校叫的是医事法学，有的学校叫的是卫生法学，有的还有其他一些称呼，为了促进一个学科的发展，就谈一下我们对医事法学的一些基本的看法。

一个是它的学科属性，为什么要定义医事法学的学科属性，其原因在于不同的学科有不同的研究对象。法律作为兼具形式理性和实质理性的复杂社会经验的结晶，从产生开始就应当说以和平的社会关系作为自己的研究对象和调整对象，这也导致了法律部门的划分，不同的法律部门也有了不同的调整手段和调整方法，不同的学科也有各自不同的研究方法和研究手段。

最为重要的是不同的学科有不同的价值取向和责任担当要求，民法和经济法、民法和刑法无论在保护的对象还是保护的目标方面都有明显的不同。我原来也是长期搞商法，之所以长期主张商法应当独立于民法，其中很重要一点就是我坚持民法是以公平作为最基本的价值趋向，实行的是公平优先原则，而商法是以效益作为最根本的价值追求，采取的观念是效益优先兼顾公平和其他。

医事法同样应该有自己的价值取向和责任担当。医事法的学科属性到底是什么，按照我的理解，医事法既然叫医事法学，那么就应当是法学的子学科，应当是以医事活动、医事行为作为研究对象，应当是与民事、刑事、商事等活动相并列的一个单独的法学部门。医事法不能作为医学的子学科，因为我也注意到现在医事法的研究或者说设立医事法学作为方向也好，作为二级学科也好，主要发生在两种学校类型中：一种是在以法学院校为主的学校里面，一种是以医事医学为主的学校里面，比如一些医科大学，还有一些综合院校。

不同的专业背景，导致不同学校在学科设计甚至在学科分类上配置上也有明显不同。因为医学是以医疗活动作为主要研究对象的学科，属于自然科学领域，所以我们很难把医事法学作为医学子学科。另外，医事法是具有鲜明学科交叉性质的一个新型学科，除了医学和法学之外，实际上还涉及社会学、伦理学、政治学等众多领域，这也从某种程度上体现了交叉法学的特点，也承载了交叉法学的一些使命，即冲破传统法学的范例，适当增强法律制度的兼容性。

医事法学是具有新文科属性的新型学科，表现为它的新型技术、新型社会科学研究方法这种兼容性，适应了现代新型科学技术的发展需要，因为医学的发展对传统社会伦理观念、社会秩序都产生了深远影响，所以法学也有必要对医学发展所带来的一些社会问题从自己的角度作出判断给出回应。

医事法学的性质是什么，它到底是一个实体法还是一个程序法，当然我们认为它主要是一个实体法，到底是公法还是私法，这也是争议比较大的一个话题。因为医事法确实涉及国家干预层面的一些内容，但是我们认为医事法学科本身一方面是为了规范医事活动，而把它纳入法治化轨道，另一方面还是为了保护医事活动当中主体的合法权益。

另外医事法是不是属于社会法？医事法虽然有某种社会属性，但是就其本质来说，它还应当是以保护医事活动主体，特别是以患者为中心的主体的合法权益以及生命健康为核心的这样一个法律体系构造。

医事法是否可以定义为一个综合性的法律，我们认为它的调整手段、调整方法虽然具有一定的综合性，但是就其本质来说它还应当属于与其他二级学科相并列的一个单独的法律学科。

关于医事法的价值目标和基本理念。医事法的价值目标应当在于确认生命权的神圣与健康权的优先，这也是医事法区别于其他法律很重要的特点之一。一方面把人作为法律直接调整的对象，把人的生命健康作为自己保护的最终目标。我也注意到王晨光老师、申卫星教授也都主张把生命健康权作为构建医事法的学科基础，这个观点很有创建性，从某种程度上反映了医事法基本的社会责任。另一方面医事法有自己独立的一些基本理念，安全理念、公平理念、伦理理念。安全理念既强调个人安全，也强调社会安全，既强调对个人权利的尊重，也要强调对社会公共利益的保护。公平理念源于社会主体对医疗服务的高要求与医疗资源稀缺性之间的矛盾和冲突，特别是进入老龄化社会之后，社会主体对生存质量会提出更高要求，对人的尊严也提出了更高要求，所以如何在医疗活动当中充分体现公平要求，贯彻公平理念，也应当成为医事法的重要价值目标。

此外是伦理理念，因为医疗活动涉及很多伦理问题，无论是器官移植、基因编辑还是克隆技术，都是对传统伦理的一种挑战，我国《民法典》第1009条明确规定从事人的细胞、人体基因相关的科学研究活动，除了要遵守法律法规之外，不得违反社会公共利益，不得违反社会伦理，不得违反生命安全，这是我们医事法学科发展的基本要求。

医事法承载了很多社会使命，在保障人权、促进社会经济发展、促进社会治理现代化包括在完善法学学科体系方面应该说都有不同于其他学科的特殊的责任担当。比如说在人权保障方面，医事法把生命权、健康权、人格尊严等民法的一些基本权利通过学科交叉属性更好地具体化、实体化。

医事法律的发展，也是完善我们整个法学学科体系的重要环节。法学是一个具有相当开放性的社会科学，与社会经济的发展密切相关，随着社会经济的发展会产生很多需要法律进行介入、进行回答、进行规范的新型领域。按照我们的理解，医事法可能就扮演了一个与数字法学同等重要的新型领域调整的社会需要的角色。也是正因为在这个背景下，我们学校也把医事法学的发展作为今后重点发展的方向之一。我们也希望有更多的法学同仁关注医事法学，尽快推动医事法学标准的统一，推进医事法学成为一个二级学科。

西南医科大学刘毅副书记曾经承接了一个教育部的重点课题，就是关于医事法学本科人才培养的培养方案的研究，并取得了很多成绩。我们在想以人才培养方案为基础，也有必要推动医事法学的人才培养更具规范性、更具统一性。

关于交叉学科的初步思考

南京大学法学院院长　叶金强

实际上现在学科交叉应该是发展得如火如荼，我们如何来理解学科交叉或者是交叉学科，这种交叉对我们的法的属性有没有根本性的影响。实际上学科交叉在理工这一块更加成熟，我们可以关注到物理分出了材料、电子以及专门的凝聚态物理等多方面，化学那块有药学、生物学，等等。

我们这个学科交叉的声势一定意义上可能受到大的背景的影响，不管是治国理政还是其他各个方面。理工科这一块不交叉可能都不行的，因为交叉的领域是知识生产的富矿区，技术的发展会使得既往那些学科分类造成的碎片化状态被重新组合。

文科应该有所不同，比如说人文学科，我们一般来讲有文史学不分家的说法，所以许多的学者也是文史学兼修的。社会科学当中，比如说经济社会学、法社会学、经济哲学、法哲学、法史学这些可以视为学科交叉的产物。就法学而言，我觉得法学本质上是一个规范的学科，是以规范为中心的，所以它的主体是教义学，所以近几年的教义学也是越来越发达。

法学如何在学科交叉中获取营养来促成自身的发展，是非常值得思考的。我们从既有的学科交叉当中可以观察到比如法学和经济学这一块。法经济学应该有很多年的历史，它在一定意义上已经进入教育学体系，成为法解释的方法之一，或者和效率价值密切结合起来成为法学独有的价值之一。所以，法经济学的发展相对成熟，并且和我们刚刚讲的法学的主体教育学结合得非常好。但是，其他方面可能就有所不同，比如说法社会学也许更多地是提升我们对法学本身的理解。实际上，法学有它的哲学基础、伦理基础、社会基础、政治基础、经济基础，等等，这些都非常重要。就法律这个学科而言，我们是把法律从这个社会当中抽取出来进行研究。现在我们更多会考虑是不是要放回去，利用更广阔的视野从不同的角度来观察法律。从这个意义上来讲，实际上我们需要把它放回去，才能真正更好地理解法律。

从这个角度来讲，交叉学科更多地涉及伦理、政治、哲学、经济、社会这些层面，而现在我们看到的大量可能被认为属于交叉学科的部分，比如说卫球院长他们做的航空法，万一院长提到的医事法，还有我们学校做的工程法、农业法、能源法、审计法，这些我们认为都有交叉的属性。但这些交叉学科中的法律到底是一个什么状态，对于我们整个法的理解有没有带来实实在在的影响？我们也会想到比如知识产权是一个二级学科，也非常成熟，且需要理工背景，像我们现在的法硕这块，大量理工背景的非法本法硕跑来学知识产权。

这些带来什么样的变化。比如交通事故作为侵权的一个类型，日本法上研究得特别细，甚至有专门的图，每一次交通事故都能做出来一些图，我们可以感觉到技术化非常强。这里面也许已经涉及交通规则，还包括一些物理性的东西，比如运动、速度等各个方面。从这个角度来讲是否也存在学科交叉。其他的比如说产品责任，产品责任涉及产品质量、判断、产品标准，产品标准这块的范围也非常广，有专门的《标准法》进行规制。我们如果把产品责任单独划出来，将使得我们社会侵权法之下有许多不同的法律，且彼此间都产生了交叉。这些都提示我们可能需要在一个更基础的层面去理解，这些到底能不能视为一种交叉，如果作为交叉的话，我们如何去交叉，交叉之后发生什么样的变化。比如跟哲学、伦理基础作了一个区分，如果说伦理的基础、哲学的基础等涉及价值层面的东西，我们刚才讲的这些东西更多是涉及技术层面，也就是物理性的东西，发生客体变化这样一些东西。

我们社会一直在变迁之中，我们经历了农业社会、工业社会，现在到信息社会，有农业社会的民法、工业社会的民法，现在有信息社会的民法，它们有什么样的变化，刑法可能也是这样的。1996年发生了所谓大的争论，就是《网络法》这个大的争论，叫"马法"非法，是伊斯特布鲁克提出来的观点，实际上于我们当下而言也是有意义的。这个争论现在是终结了，以对马法非法的否定而告终。当时论证的观点涉及"空间"，反驳的意见中说有空间之别或者代码之法这样一些东西，这些东西对我们现在数字法学的思考包括定位都会有影响。我的感觉是，包括数字法学在内的信息社会可能就是一个空间的变化、代码的变化。我们的物理世界和我们的生活世界发生了剧烈的变化、变迁，这个时候我们法律需要去跟进。这种变化是颠覆性的，我们法律需要跟进。比如说算法，如果我们可以去选择不同的算法，那这个选择过程当中包含有技术性的东西，也可能有价值性的东西。如果是后者，我们就面临价值选择的问题。如果我们摆脱不了算法中的某些东西，法律也无法干预的话，那实际上就产生了服从。这实际上反映的就是我们传统法理学当中所谓事物的本质，本质性的东西只能服从，不能改变。就像我们对万有引力或者是物理空间上的一些东西，我们只能去服从它，在它的物理属性之下来进行我们的规范设计、价值实现。

我们现在面临的大问题是：知识的生产是个体性的，而现在的数字技术和网络很复杂，比如知识产权、技术等，我们一个自然人在知识分立、分工的场合下无法拥有那么多的精力、那么丰富的知识，这时候怎么办。此时需要基础知识的交叉融合，如果你有理工背景，你可以更好地理解数字法学，更好地理解知识产权。也许将来我们的数字经济、数字社会发展到一定阶段之后，每个社会成员都有自己的体悟，在那个层面的知识也就足以让我们法律人去建构新的规则。

总之，社会在变化，包括网络、数字等各方面，这是大势所趋。在这个趋势之下，数字法学一定会越来越成熟、越来越发达，关键是我们在这个过程当中要采取什么样的路径，以及会不会给我们的法学带来一些变化。从价值层面看，我们一直处在变迁的过程中，但这个变迁未必是因为包括数字化技术在内的技术面的东西，而是我们内心世界、伦理世界所发生的变迁。社会面的这种变化可能会给我们价值实现带来一些新问题。我想数字法学应该是代表了一种变迁的方向。

问题原本不分学科

中国海洋大学法学院院长　　桑本谦

　　跨学科或者说交叉学科它不是认知的目标，它只是认知的手段，它甚至都不是认知的手段，而只是认知的结果。因为学科是人为划分的，一旦划分了之后，它就很难回应知识学习研究的节奏，所以学科的划分很可能会固化为一种传统，当年觉得合适，很多年之后就会发现学科划分其实不合适，因为问题本身是不分学科的，因此我们可以非常稳妥地得出一个论断：对于任何一个问题的认知，最终必然是跨学科的。到现在没有哪个问题是纯粹某一个学科的，比如说经济学问题、社会学问题、政治学问题，好像很难找到一个纯粹的、仅属于这一个学科的问题。这是因为我们的认知深化了、延伸了，我们能够获取的知识多了，所以就不可能用一个学科把它给包裹住，对于任何一个问题的认知，最后都会冲破这个学科的边界。

　　非常简单的例子，比如说一个城市要制定减少肥胖症患者的方案。这要是在半个世纪之前，减肥、控制体重还是非常简单的问题，但是现在就不同了，一定需要跨学科的讨论，这不仅仅是一个法律和公共政策的问题，还涉及基因学、生理学、生物学、营养学、经济学、社会心理学、传播学、广告学等领域，还需要了解交通和基础设施。一个貌似简单的问题现在发生这么大的变化，以致没有任何一个学科的专家能够完全懂，因此制定这么一个方案肯定需要一个团队的配合。

　　所以，学科的概念我认为将来会过时，甚至交叉学科的概念也会过时，将来可能会只分领域，不分学科，如果有学科的话叫"汇集性学科"。比如说现在有一个汇集性学科叫复杂性科学，我们随便举个例子，比如说刑法上经常会说罪刑相适应，怎么适应，用法律经济学的知识解释自然而然就会交叉了。比如说加里·贝克尔在半世纪之前建构了一个经济学模型，这个经济学模型实际上跟物理学的方式一样，因为微分求最优和物理学求极值是一样的，所以可以简单看作一种物理学思维。

再往前推就是贝卡利亚，他所想象的罪刑相适应就是两条阶梯，一个犯罪的阶梯和一个惩罚的阶梯，然后它们互相对应，顶端对应、底端对应、中间对应，这就叫罪刑相适应。贝卡利亚当年的想象是两条阶梯，他说这是几何学的思维，但实际上没有真正地使用几何学，如果用几何学的话，就不用两条阶梯了，用 X 轴和 Y 轴那多好，那个阶梯让它躺下，中间画上一条线，无论是直线还是曲线都可以描述这个罪刑函数的变化，这是当年贝卡利亚没能想到的。是不是贝卡利亚受到了那个时代的知识局限？不是。因为实际上在他那个时代笛卡尔的解析几何已经诞生了一个世纪了。

现在再回头想罪刑相适应，我们会发现其实最大的问题，是当年贝卡利亚没有想到犯罪的阶梯是非常长的，比如说连环杀可以杀 50 人，但是处罚的阶梯很短，最多杀一次，这就会出现一个问题，这个问题是怎样用变幅较小的反应去跟踪变幅较大的刺激。犯罪可以看作一种刺激，它的变幅较大，从轻微的犯罪到 50 条人命的变幅非常大，而惩罚的阶梯变幅非常小。

那它怎样跟踪呢？这个问题实际上不仅仅是法学所面临的，因为变幅较小的反应如何跟踪变幅大得多的刺激可以说是生命世界共同面对的一个难题。我们会发现刑法在这个问题上采用的备选方案有两个：一个是比例尺模式，同比例缩小，像地图反映地貌一样，这个肯定不能用在刑法上。实际上刑罚采用的是神经元模式，外部环境的物理刺激和化学刺激动辄变化十几个数量级，但人体的神经元只有 0 到 100 赫兹的变化，永远不会超过 1500 赫兹。我们生命体在演化过程中找到了一个办法，就是压缩上游和下游的变化，只让中游舒展。实际上刑罚跟踪犯罪的变化也是这么做的，这是一种仿生学的方法。我在《法律简史》中讲得很清楚。

如果我们能够有一个更好的知识视野，你会发现天下的道理都是相通的，民法相对于过去传统立法来说，最重要的是立法方式的变化。最早的立法都采用黑清单模式，但是民法不再采用黑清单，更多采用默认规则，这种解决问题的方案在工程学、机械学包括生物学、生态学上都是一种通用的方案。

随便研究一个问题，比如在何种程度上控制网络色情。我曾就2016年的快播案写过文章，我写这篇文章的时候边写边用谷歌学术搜索我不知道的知识，涉及太多我过去不太清楚的东西，比如说色情的危害实验研究、统计学研究、脑科学研究，还有色情的产出、在历史上怎么促进商业模式的创新、怎样促进传播技术的创新，等等。这自然而然是一个跨学科的研究经历。

第二个问题简单介绍，对法学来说跨学科确实是非常重要的，因为法学目前的状况有一点像知识孤岛了，和其他的学科慢慢地隔离开来了，形成了一个小的、封闭的系统。这个小的封闭系统就像世界上任何小的封闭系统一样，一个小的市场、一个小的生态系统会在与大的系统对接的时候处于竞争上的不利状态，因此一定要开放和其他系统进行知识交换的路径，以摆脱知识孤岛的命运，这对于法学来说很迫切，对于法律来说也很迫切，因为案件当中的问题也是不分学科的。

最后，跨学科的知识挑战很大，很可怕吗？闯入一个陌生的领域，究竟是多大的认知挑战，我觉得往常通常都高估了，这个挑战其实不像人们通常想象得那么大。因为对于受过良好教育的人来说，马上知天下的道理是相通的，掌握一些包括社会科学和自然科学在内的基本的科学教育，马上就可以把各个学科的知识联通在一起，所以这个认知的挑战都是被高估了的，闯入一个新的陌生的领域并不困难。我最近刚发现一个很有趣的例子，我们昨天都在争论病毒演化的方向，看上去是个专业问题，实际上是个常识问题。

福州大学法学院新文科建设的情况介绍

福州大学法学院院长 黄 辉

我汇报的第一个内容是有关福州大学法学院新文科实验班建设中的学科交叉问题。2021年福州大学法学院生态法治复合型卓越人才培养模式创新与实践获得教育部首批新文科研究与改革试验项目。依托这个项目，按照教育部新文科建设跨学科融合的理念，我们为实现培养懂法律、爱生态、善管理的卓越生态法治复合型人才的目标，设立了卓越生态法治人才实验班，在适应法治国家、法治政府、法治社会建设新任务、新要求下，在致力实现双碳目标、服务国家绿色经济的同时，又积极地回应福建在国家生态文明试验区建设中，对多元化、复合型、高素质生态管理法治人才的迫切需要，让法学专业学生跨学科学习环境资源学、管理学，法学院也同时开放课程，让环境资源学和管理学同学来选修。

实验班是以夯实法学、管理学、环境生态学的基础，注重法学与经济学、公共管理、环境工程、人文地理、城市规划、资源循环科学与工程等学科的交叉融合，强化实验实践训练为指导思想，采取跨学科复合型法治人才培养模式，优化课程体系整体设计，突出生态法治的思维训练。

我们具体采取了以下措施：

第一，设置了差异化卓越生态法学人才培养课程体系。按照实验班懂法律、爱生态、善管理的复合型人才培养目标重点突出跨专业课程的设置，从经管学院、环资学院开设的课程中我们选择了总分超过70学分的课程供学生选择。

第二，我们创新了教学模式和考核评价机制。学科交叉的培养机制强调以学生为中心，采用灵活多样的教学方式，我们采取了大量案例教学、情景教学，提高学生课堂的参与性，我们也鼓励不同专业的老师充分利用现代网络信息技术的优势，运用已有的优质慕课资源和自主开发的慕课、微课来探索线上线下相结合的教学模式。

为了更好地实现学科交叉融合，我们突出考核学生的生态法治意识、批判性的思维能力、团队与协作能力和沟通交流能力，采用项目考核、汇报答辩等灵活多样的考核方式，实现过程性和结果性相结合，将考核贯穿于学生学习的全过程，结合理论课的成绩、实务部门的实习报告、参与竞赛的情况以及毕业答辩、导师评价等多方面进行结构化的综合评定。

第三，我们突出释放引领，着力深化课程的质量建设。关于新文科的新，武汉大学副校长周叶中教授在10月15日湖南师范大学新文科背景下的法律实践教学高峰论坛上作了一个很好的阐释，令人获益颇多。相对于旧文科的单一性，我们要强调新文科的学科交叉，也就是说相对于以西方文科理论和体系为标准的旧文科，我们要强调建设我们自己的、满足中国需要的学科理论和体系的新文科，因此我们充分挖掘和激活法学环境、安全工程、机器管理三大领域，统筹推进行业的思政课程，专业的思政课程一体化建设。从政策引导、教师培训、经验交流、释放推广、绩效考核等方面不断地完善实验班课程思政建设的保障体系，增强、推进课程思政高质量建设的支撑力。

我们还采用了全程的双导师制，班主任和学科导师共同指导，每两个学生就有一个导师来负责学生的课程修读、学术的成长、文科修养方面的指导。另外，我们还采取了一些制度化的实验班学术交流活动，邀请法学、自然资源管理、生态环境以及其他的一些管理学等方面的实务专家为实验班开设学术专题讲座。

我们还建立了学生的读书报告交流制度，每个学期大概举办3到5次的学习班、读书交流会，读书交流也是涉及不同的专业，以跨学科的方式进行。我们组织一些学术交流会和学术论坛，每学期至少举办一次学术论坛，鼓励学生参加生态法治相关领域的大学生论坛，发表一些论文，并且我们还组织办刊，这是我们在新文科建设中间的学科交叉方面所做的一些情况。

第二个方面是关于福州大学法学院数字法学建设的情况。我们还处在一个起步阶段，现在将近 10 位老师在从事数字法学研究，其中大概有 4 位教授和 7 位副教授。法学院为我们的本科生、法学硕士、法律硕士都开设了数字法学课程。法学院积极探索数字法治人才培养的新机制，还邀请了清华大学法学院的申卫星教授来指导数字法学建设。

7 月份我们承办了 2022 数字中国建设峰会及数字法治内部分论坛，也就是新兴领域的法律制度建设研讨会。我们学院的老师承担了司法部、省社科基金等多项相关的省部级课题。尤其是我们承接了国家电网、福建省电力有限公司的电力数据法治研究以及国家知识产权局数据知识产权地方试点工作支撑项目这些横向课题，相关的研究成果被实务部门广泛认可，学院的一些老师也围绕着数字法学，在《法制与社会发展》等法学类的核心刊物发表多篇论文，多篇咨政建言被有关机关采用。

关于学科交叉型新法学建设的浅见

南京师范大学法学院院长　方　乐

围绕新文科视域下的学科交叉和数字法学，我简单地谈一点学习心得，同时也是一些研究的粗浅看法，求教于各位方家。主要讲三个方面：

第一，开展学科交叉型的新法学建设，要以兼顾科学研究和专业建设、学科发展的双重需要为导向。

当前，我们开展的学科交叉建设，既是交叉学科研究方法的内在需要，也是新型学科建设的内在需要。从某种程度上来说，它是从交叉学科研究方法转型为新型的交叉学科建设。这表明了其中的一些规律，实际上也为我们开展新法科建设提供了一个很好的思路。从实践中我们看到，很多法学院校在数字法学或者说新法科建设上取得了很好的成绩，实际上都是以优质的交叉学科学术研究成果或者是以科研团队的交叉学术研究方向为基础来带动整个新型学科交叉特色的凝练，来引领新法科或者说交叉学科建设和专业发展。

第二，开展学科交叉型的新法科建设，要同时兼顾市场化需求和学科内在发展规律要求。

每个学校面临的市场化需求在很大程度上其实是不一样的。因为各个高校有自己的战略定位，各个高校都有相对应的社会服务的市场。在这一单元的讨论中，我们看到，不同高校分享了新法科建设中的一些方向，比如医事法学、卫生法学、数字法学、区域法学等学科。很显然，这些新型交叉学科的孕育、生长和壮大，实际上都跟高校的社会服务市场具有很大的关系。新型交叉学科的发展，主要的导向之一是市场需求。另外，要解决人才培养的市场需要问题。我们要意识到，培养的学生遇到的比如就业去向、未来发展的空间和方案、可持续发展的潜力等这些来自市场的问题，的确会构成我们在开展新法科建设过程中的重要考量。但是，这些考量的前提基础，是学科发展、专业建设自身的内在规律。我们知道，市场化需要差异化、个性化，然而学科发展和专业建设之间则存在标准化或者相对标准化的要求，存在规范化或者相对规范化的要求。将这两个辩证因素统一起来，在实践中落实好，无疑是开展学科交叉型的新法科建设上的关键要素。数字法学建设的国内联盟及其内在需求问题，实际上正是这种内在需要的一种体现。

第三，开展学科交叉型的新法学建设，还要兼顾国际化的需求问题。

加强新型学科交叉学科建设，不仅仅是要解决学科自身国内的发展问题，而且也有一个走出去，形成学科优势、产生学科话语、具备学术影响力的问题。这是当前法学研究、学科发展和专业建设面临的时代使命，在新时期开展交叉性的新法科建设，既要重视国内的需要，也不能忽视学科建设的国际化的导向。

新文科视域下如何打造数字法学

中国政法大学刑事司法学院院长　刘艳红

现在越来越多的人愿意做交叉学科，知识的融合和贯通应该说已经是大势所趋，交叉学科的探讨往往是具有引领性的。在新文科视域下，如何做数字法学学科建设？对此，我主要谈三点。

第一，新文科视域下如何打造数字法学。如果要做数字法学就要打造数字法学的基本理念，这样的理念就是建立深度交叉融合的理念，新文科建设的核心在于新，这个新不是相对于传统的人文学科、社会学科的课程更新、师资更新和培养模式更新，而是说对整个文科的内涵予以一个全方位的全新的阐释，这样一个文科内涵一定要和新时代的发展相匹配。新时代的发展意味着整个社会进入了一个数字化的阶段，而元宇宙技术的大规模的实验和使用使得数字化生存成为现在以及未来人类不可避免的一种存在方式，就像今天的线上会议已经成为近三年学术研讨会的主要生存方式，线上会议的软件越来越多。因此我们的新文科注重的是文科内涵的新，这样一种新文科的发展理念是什么？我认为是以继承与创新、交叉与融合、协同与共享为途径来促进多学科的交叉与深度融合，从学科导向转向需求导向，从专业分割转向交叉融合，从适应服务转向自身引领，进而推进传统文科的转型升级。

因此新文科建设的根本目标是在交叉融合的智能时代，塑造新的人文精神，开创新的人文思维。从这个角度来说，现在做文科的人不懂一点理工科，不懂一点大数据和人工智能，我敢打赌他一定是做不好的。如果说对自动驾驶、人脸识别、深度链接、网络爬虫、元宇宙技术一问三不知，一脸茫然，那新文科是肯定做不下去的。学习知识的时候虽然有一些痛苦，但是这种痛苦忍一忍也就过去了，机器都可以自我迭代升级地学习，何况是人呢，因为机器本来就是由人发展出来的。因此我们遵循新文科的发展理念，学科建设的综合化和整体化应该成为数字法学、数据法学这样一种新的学科创新发展的必然趋势，这样一个趋势是现在智慧经济社会的发展外部需求，同时也是知识的自我迭代更新的内在规律。

打造数字法学就是在法学教育的领域贯彻落实新文科的发展理念。与传统的模式相比，我们的数字法学可能要促进大学科间的跨界交织和小学科间的交互融合，大学科间就是法学和大数据、人工智能等，小学科间是指民商和刑法、法学和人文，等等。教育部和中央政法委在 2018 年《关于坚持德法兼修实施卓越法治人才教育培养计划 2.0 的意见》中也提出，如果要推进法学学科三大话语体系的创新，就要积极地探索组建跨学科、跨院校的教学团队，整合教学资源，相应的也就是我们的人才培养、师资队伍和课程建设以及教材都要跟得上。这一系列我认为都是在数字法学的建设基本理念、深度交叉融合的理念之下才可望推进。

第二，促进数字法学学科交叉。研究新型的社会问题必然要跳出部门法的桎梏，采用一种领域法学的新思维，这样一种思维应该说是以问题为导向的。而数字法学就是典型的领域法学，所以着眼于规范数据处理活动这一智能时代紧迫而现实的重大问题，以网络数据为主要的研究对象，以数据治理中间涉及的权益保护、数据安全管理等事项为主要的研究内容。以数字法学目前公私兼顾的一个领域法学的学科性质来说，毫无疑问它不是一个单一的部门法，而是聚焦了各个部门法在数据领域延伸的共性问题之法。

当前部门法之间的交叉融合愈演愈烈，并且成为学术研究的主流趋势，尤其在《民法典》出台之后，《公司法》一体化的研究，比如说我本人的民刑交叉的研究，应该说受到了越来越多学者们的青睐。还有《网络安全法》《个人信息保护法》《数据安全法》这类新颁布实施的法律法规其实也很难定位属于哪个部门法，民刑各个部门法都在研究个人信息、数据权益、数据安全，所以以这样的相关课题为着眼点来展开研究的话，就像数据权益这样一个词在各个部门法里面都有涉及，只不过有的是自上而下，有的是自下而上，有的是自内而外，有的是自外而内。

在这种情况之下，如果我们要对公民的以权利为切入点的数据权利进行研究，就必须灵活应用学科交叉的研究方法，所以在深化阶段一定是促进学科交叉方法的应用。而学科交叉方法的应用一定要对各个学科的有关知识有所涉猎，所以学科之间的隔膜应该说越来越小了。推进数字法学建设，其实就是法学教育对于加快新文科建设最直接的回应，通过数字法学的发展来促进新法科建设，进而为数字经济的发展贡献我们法治人才的法治理念、法治思维，以及为数字社会需要的法治人才提供一个输送的良性的渠道。我们的数字法学应当合理贯彻新文科发展理念，实现法学与计算机、信息科学、网络空间安全等诸学科之间的深度融合。所以，智能时代数字法学学科建设一定是要在新文科、新法科的建设背景之下来深化展开学科交叉的方法。

第三，打造数字法学的深化阶段，设置数字法学交叉学科。这一点非常有意思，目前全国很多高校都已经设置了数字法学这样一个交叉学科，说明深度融合的理念已经有了，做学科交叉的方法也具备了，至于是不是深度地推进和应用了这个方法，对于每个院校来说都不一样。但是我们已经以很快速的方式来落地设置了数字法学的交叉学科，这样一个交叉学科的建设在每个院校的表现都不一样。我认为我们在数字法学的交叉学科建设方面还处在一个初级发展阶段，不要以为设置了交叉学科就可以了。

为什么认为这一阶段是初级阶段，因为我觉得高水平的数字法学的建设队伍目前还没有扎实的学科基础，可能每个部门法是有了，但交叉学科基础非常欠缺，人才培养的条件更是欠缺。这样一个交叉学科设置的意义何在？恰恰需要我们边做边落地、边探索边见成效，通过设置来引领学科发展，通过以问题为导向，实现队伍建设、学科基础和人才培养三位一体全方位争取突破。所以我觉得数字法学会抢占新文科交叉学科的设置的先机，应该是我们新文科的一个非常好的探索之路。我相信这样的数字法学在未来可能会类似国家安全学和纪检监察学，具有新的明确研究对象、结构合理的师资队伍，并且社会对于人才有定期的、有规模的需求。如果能够真正满足以上要求，我们数字法学的建设就大功告成了。

总而言之，数字法学是一个具备了高度的开拓性和时代性的概念，鲜明的学科交叉属性使得该领域很难对标某一个具体的学科门类，而是具备成为由网络＋法学、数据＋法学以及人工智能＋法学这样一些交叉融合而成的新型的独立学科的可能。未来我们应该在新文科的视野之下，对数字法学作为新型的交叉学科的学科属性的定位、理论框架的构建、技术和业务的深度融合等各方面进行进一步的探索。

新文科与数字法学建设的感想

对外经济贸易大学法学院院长　梅夏英

我今天探讨的是新文科与数字法学的问题，即目前数字法学研究的现状以及如何结合新文科建设的目标开展深入研究。

目前来看，数字法学还处于发展的初级阶段。因为互联网虽出现的时间并不长，但发展特别快，对社会生活、生产产生了很大的影响，也产生了很多法律问题，因此，数字法学的发展具有被动应对式、问题导向式的实践路径特征。

目前，从事数字法学研究的人员主要是传统法学院中的部分专业教师转型而来，每个学院都有部分教师从事这方面的研究，但早期更少一些。虽然这些教师所处学科不同，但均受过系统的法教义学训练，均具备法教义学的研究功底；同时，我们也有一些具有探索精神的教师进行了原创性研究。随着立法的推进，数字法学研究人员的数量已经显著增加，但共同点在于他们均系从传统学科当中分离出来，经历了一个重要的学科转换和知识更新的过程。从实际情况来看，数字法学研究人员主要出身于如下几个学科，即民法、法理学、刑法、知识产权法、国际法等。此外，数字法学的发展主要应国家的政策和立法文件发展而开展研究，其问题导向特征鲜明。但其共同特点是均采用传统的特定领域的话语体系、概念体系来解释数据问题、数据现象，包括我本人在内也从事这方面的相关研究。从整体上来看，全国数字法学师资规模目前仍显弱小，其研究规模和力量不足以支撑我们这么大国家的数字法学发展，并且远远落后于行业的实践，故而数字法学的学科发展迫在眉睫。

对于数字法学的发展，我提如下几点看法：

第一，新文科与数字法学建设应当允许大胆探索创新。新文科建设以及支持数字法学发展的各种政策，应当在探索摸索中逐步发展完善。实际上，所谓的新文科建设的各个学科门类都是在历史中沉淀下来的，都是前人在探索过程中慢慢沉淀、定型化以后形成了理论体系。

数字法学不仅仅包括数字法学自身，还需要与数字相关的其他社会科学的支撑。新文科和数字法学建设，是前无古人、后无来者的一项工作，处于一个创新性、探索性、创造性阶段，没有前人的经验可以借鉴，也没有国外的经验可以借鉴。因此，应当鼓励大胆创新和探索，逐步积累好的实践做法。

同时，在探索创新阶段的一项重要工作就是人才培养和科研定型。基于其创新性，实际上学生和教师处于同时起步的阶段，因为年轻人生活在数字时代，从小频繁接触这类事物，其网络意识、网络感、数据感也强。在数据市场大发展的时代背景下，充分发挥市场机制的作用，数字法学的研究可以实现教学相长，通过现有教师和学生的参与，鼓励部分青年学生和学者脱颖而出。对于人才培养，要进行有意识的引导，在打好研究基础的前提下，鼓励青年学生和学者大胆摸索。

第二，新文科建设和数字法学的交叉融合，需要大力拓展更新教师、研究人员和学生的知识结构，只有具备相应的知识结构，才能发现问题并开展相应的研究，才有可能做出创新性的研究成果。

新文科建设要求我们具有开放性思维和平台意识，应当广泛吸纳理工科人才、政府官员、业界专业人才加入研究，通过广泛的学术探讨完善或丰富法学研究人员的知识结构，并实现各学科知识的有机融合，从而完成数字法律问题的学术化归纳、提炼和升华。

第三，应当积极开展理论探索，构建关于数据、数字法的基本命题或公认的范畴、原则和方法。当前，数字法学的发展方兴未艾，但远未成熟。以个人信息保护为例，通常大家理所当然地将其与隐私、人格等联想起来甚至等同，但其实个人信息和人格并非等同，甚至两者之间存在很大的差异。在民法的范畴内，二者之间事实上根本就没什么关系。又如数据产权问题，网络上免费的数据输送每天都在发生，怎么用产权进行解释？有产权的数据流动还能发生吗？学者们对该问题的认识存在很大误区，甚至误导了政策制定。实际上，数据在网络上分享是不需要理由的，但是对数据的控制和保护需要强烈的理由。再比如说网络犯罪，虚拟财产被破坏以后就成了财产型犯罪，虚拟财产也可以构成财产型犯罪吗？它是行为犯吗？它侵犯的对象是什么？事实上这些问题在当前的理论研究中都没有被真正研究清楚。但这跟新文科建设没有关系，实际上研究者的思维能力仍有缺陷和不足。因此，需要对数字法学建立一些基本的命题、规则以及理论框架。

从我们学院目前的情况来看，研究数据法的学者相对多一些，并且在各自的研究领域产生了一些有见地的研究成果，但是从整体上来看，这些研究都是阶段性的研究成果，离问题的本质仍有一定距离。

所以，在当前以及未来一个时期内，新文科建设和数据法学建设的主要目标是，应当积极鼓励数据法学的发展、鼓励探索和创新、鼓励各种有见地的高质量成果，在此基础上，通过学术的视察、积累和提炼，并经过市场和政策实践的深度检验，构建起相对完善的数据法学理论体系和制度体系，为数字经济发展和数字中国建设提供强有力的法治保障。

对数字法学人才培养的路径与机制的思考

西南财经大学法学院院长　鲁　篱

在当前数字经济时代，数字法学人才的培养亟待加强，毫无疑问，这是一种交叉学科的培养模式。对于在数字法学方面如何构建交叉学科的培养机制，我认为有如下一些问题需要明确和探讨。

第一个问题是采用双学位的模式还是单一学位的模式。交叉学科的培养模式，目前比较容易采用的是法学—计算机或者法学—人工智能的双学位的培养模式，在我看来，这种模式的选择需要考虑三个因素：一是可供选择的学生人数，二是可供选择的学生资质，三是学生的承受力。首先，对于学生人数的选择而言，我认为双学位模式对于传统的五院和综合性院校，如中国政法大学、西南政法大学等高校来说是适用的，因为其有大容量的学生可供选择并进行差异化的培养，但对于我们这样的财经院校的法学院而言，则学生人数有限，因此考虑到比较优势，更容易选择法学—财经学科的双学位。如我们西南财经大学十多年前就已经开设法学—会计、法学—金融双学位班，相关教学成果也获得了国家教学成果二等奖，所以缺乏足够的学生来选择数字法学的双学位培养。其次，双学位的选择还需要考虑学生的素质，即是否具备理工科的基本资质，招录理工科学生有其必要性，但法学毕竟属于人文社会科学，不可能完全是理工科的学生。那么由此带来的问题是，是否有足够多的理工科学生来支撑双学位班。此外，即便有，还面临学生的承受力问题，因为法学本身的学分要求很多、课程很多，而数字科学方面所涉及的计算机、人工智能或者统计的学习同样也需要花费很大的精力，单个学位高质量完成业已困难，学生能否同时在本科阶段高质量地完成两门都很费力的学位其实存在很大的不确定性。

基于上述考虑，根据我们法学院学生的基本情况，在数字法学人才培养方面，我们不采取双学位的培养模式，而是立基于单一法学学位的培养要求，植入数字法学的元素，打造数字法学人才。目前主要采取的做法有：

一是在本科阶段开设数字法学课程，如大数据法学概论、数字法学前沿等课程，为学生构建数字法学人才培养的基本理论框架。二是在传统法学学科学习方面，要求教师在完成本学科基本规则体系和理论框架的讲授同时，针对数字法学的相关内容强化新兴数字法学知识的传授，譬如在民法中加强信息权益等内容的讲授，经济法中强化算法歧视、平台垄断等方面的限制竞争和损害消费者权益问题的讲授和探讨，等等。三是发挥比较优势，充分发掘西南财经大学在经济学和管理学方面的学科优势，开办金融科技法学的证书班，实现数字法学专业领域的特色培养。四是以科研促进教学。学院在2010年由高晋康教授领衔成立了四川省的重点实验室，即法治量化与信息工程重点实验室，多年来围绕大数据法学开展了很多活动，取得了一定的成果，组成了较好的团队，这些科研成果成为我们近年来开展数字法学人才培养的重要基石。

第二个问题是学科交叉融合如何深入实现的问题。这也是最难的问题，容易出现两张皮，两边都懂，但都不精。我们学院在双学位培养初期，就曾经出现这样的问题，保送面试的时候，不少教师反映交叉学科的学生专业面试不如法学专业的学生，虽然他们入校的成绩都远远高于后者。后来我们通过教学改革企图解决这个问题，核心做法是通过核心课程树立学科思维，同时通过学科的双师教学等改革实现学科的交叉融合，取得了一定的成效。在我看来，数字法学交叉学科学习更容易出现这样的问题，学科融合交叉的难度更高，因为毕竟是理科和文科的融合，思维和方法更难融合，这是我们在考虑数字法学学科交叉时必须充分考量的问题。

第三个问题是师资问题。数字法学对于大多数教师而言都是新兴学科，所以在人才培养方面找到合格的教师比较困难。传统法学院的教师很难独立完成人才培养的全过程，必须借智借脑。一是可以考虑依托学校其他学院的支持，虽然这是由学校总体上负责安排，但如何能够让其他学院派出好教师来上课、答辩，需要沟通的地方比较多，很多问题非常细。另外一个办法就是依托校外的优秀师资，譬如请一些专业的律师来承担相关课程的教学工作。我们学院依托成都头部律所的著名律师开设了金融科技法学的实务课程，学生反映很好，效果不错。

新文科背景下复合型法治人才培养模式

东南大学法学院院长　欧阳本祺

新文科这个概念首次出现在 2018 年的全国教育大会上，也就是短短几年时间里，2019 年，教育部等 13 个部门联合开展启动了"六卓越一拔尖"计划 2.0 版，有力地推动了新文科的建设。2020 年，教育部在山东大学召开了一个新文科建设大会，发表了新文科建设宣言，标志着新文科建设工作的全面深化。这个宣言里面提出了新文科建设的目标，即培养知中国、爱中国，堪当民族大任的社会科学家。

什么是堪当民族大任的社会科学家，我个人理解还要结合习近平总书记在 2016 年 5 月 17 日哲学社会科学工作座谈会上的讲话，总书记提出"要按照立足中国、借鉴国外、挖掘历史、把握当代、关怀人类、面向未来的思路，着力构建中国特色哲学社会科学，在指导思想、学科体系、学术体系、话语体系等方面充分体现中国特色、中国风格和中国气派"，也就是三大体系的建设。

新文科的建设实际上是要创立一个新的学科体系、新的学科话语，2017 年习近平总书记在中国政法大学座谈会上进一步提出"要打造具有中国特色和国际视野的学术话语体系，尽快把我国的法学学科体系和教材体系建构起来"，不管是刚刚讲的数字法学还是医事法学还是其他的法学，实际上都关乎一个新的学术体系和新的学术话语的建构。

如何来实现新文科建设的目标，它的路径就是要推动学科的交叉融合，树立超学科的理念。2022 年第三届世界高等教育大会提出未来高等教育发展的六个变革方向，其中一个方向就是要推动跨学科、超学科的开放和交流。

2022 年的教育部、财政部和发改委《关于深入推进世界一流大学和一流学科建设的若干意见》中也提出了要建设交叉学科发展的第一方阵，到时候谁能够进入第一方阵，这个也是非常重要的。以前只有传统学科具有一流学科，未来交叉学科也可能会有一流学科。在这种背景下有的人甚至提出"无交叉不创新，无交叉没活路"这样的理念和看法。

未来社会的发展可能会超出我们的预料，因而交叉学科甚至学科本身的观念都可能会淡化，从而出现从学科到领域的变化。比如现在在一些工科领域，像信息与通信、电子科技都属于一级学科，但是通常它们又属于电子信息领域。再如有的学院门口同时挂上网络安全学院、软件学院、人工智能学院的铭牌，实际上这些可能也同属一个领域。再比如，像高等教育学究竟是一个学科还是一个领域，也存在很大的争议。国外很多世界一流大学讲的都是领域，而不是学科。

新文科背景下，法学复合型人才培养主要有两种模式。第一种模式是双学位，这是经过教育部批准设立的双学位招生和培养模式，像四川大学的法学＋医学的双学位以及浙江大学法学＋人工智能＋大数据的双学位模式，这种模式从招生到培养到毕业都是按照两个学科的要求来培养的。

第二种模式就是在现有法学一级学科下面，学院和学校自行设计一些交叉学科的培养方向，学院自己聘请多学科的师资，开展交叉学科的课程，参加跨学科的实践。学生虽然不能同时获得两个学位，但确实可以学到两个学科的知识或者交叉学科的素养和能力。

东南大学法学院目前还处于第二种培养模式，未来我们可能采取第一种模式和第二种模式并存的培养方案，2022 年我们也申请了法学＋网络安全双学位培养模式。

简单介绍下我们交叉学科的人才培养情况。在 2006 年建院之初，周佑勇院长就确立了"交叉性、团队式、实务型"的办学理念，在某种程度上也是探索甚至引领了新文科建设人才培养。后来刘艳红院长把这个办学理念也发挥到了极致。10 多年来我们对这个理念的认识与践行经历了从自发到自觉的过程，就交叉性而言，我们由点到面、由浅入深。初期我们只注意到了法学与工程、交通、医学等几个点的交叉，后来我们发展到法学与网络安全、计算机、人工智能以及人权等多学科的交叉。而且也不再限于学院内部院系之间的交叉，还扩展到了学校与学校之间的交叉，学校与企业、学校与机关之间的交叉。

第二个是团队式，我们实现了从教研室团队到科研平台的深化，学院现在有一个国家级平台，也就是中宣部和教育部设立的国家人才培训与教育基地，另外设有教育部、最高人民法院、最高人民检察院、中央网信办以及江苏省人大常委会设立的多个省部级的科研平台。在这些平台上实现团队的人才培养模式。

第三个是实务型，实务型发展从以前单个案件的参与升级到深入国家立法与司法实践。在学科上除了传统的民商、行政、宪法、刑法这些学科之外，我们还开设了数字法学、医事法学、工程法学，而且我们有将近 10 年时间为本科开设了工程法的班，实现对工程法和普通法同时培养的模式。

法学交叉研究何以可能

云南大学法学院党委书记　高　巍

关于交叉学科研究，这个问题我实际上也在思考。

第一个问题是说我们所谓的学科交叉、学科分类，什么样的交叉叫做交叉，也就是说我们讲不同学科的交叉，那么不同学科的标准是什么。我觉得这个确实是一个基础性的问题。从学科分类的传统来看，有两种分类方法，第一种是根据研究对象进行分类，比如我们谈到的领域法学和数字法学，这些是根据研究对象进行的分类。第二个可能是根据研究方法进行学科分类。

我个人理解真正意义上的学科分类实际上应该是以研究方法的不同作为一个学科分类的不同，像我们法学学科一般来说的话是作为一个和事实学科或者和经验学科相对应的规范学科。我经常思考，就是我们学法学的要不要去了解事实，因为规范学科严格意义上讲是一个反事实的学科，也就是说反事实学科判断是来自早期的康德的分类，在现象界它是理论理性的一个领域，这个领域研究的是事实、经验、逻辑，它有它的规则、方法。

我们法学学科的主题还是应该要突出法的适用，这个层面应该是一种规范学科，因此我所理解的学科交叉可以从两个层面展开，第一个层面是规范学科内的交叉，我们全中国的法学界绝大多数学者在规范学科内的交叉我觉得都是自觉或者不自觉地在做，比如说我们任何法学学者在做研究的时候肯定会用哲学、伦理学这样一些学科。这些哲学、伦理学的适用，比如洞穴奇案、电车难题等，属于规范学科内的思考，这种交叉实际上是必须有的交叉。第二个层面的交叉就是在规范学科和事实学科之间的交叉。这个实际上是一个新的发展方向或者一个发展趋势，也非常重要。因为我们最终都是在事实层面才会真的对这个社会、这个世界有影响，纯粹的规范层面很难体现出对世界和社会的影响。但是这里就面临一个问题，即我们如何把规范学科和事实学科或者规范方法和事实方法进行交叉，这里面就会容易把规范和事实混淆或进行替换。

我自己是做刑法学研究的，刑法学当中很多的概念看上去是事实性的概念，但是实际上基于刑法学的规范属性，我们在理解它的时候必须把它作为一个规范的概念或者反事实的概念。比如危险驾驶罪当中的危险和醉酒，事实层面的醉酒和刑法当中的醉酒实际上词语一样，但是基于方法或者规范学科的特点，必须从规范角度进行理解，也就是说一个人事实上可能没有醉酒，他很清醒，甚至开车开得更好，如果做神经科学的判断，他可能辨认能力、控制能力都没问题，但是他在刑法上属于醉酒，因为每100毫升血液中酒精含量达到或超过了80毫克，但是刑法界肯定会认为，即使辨认能力、控制能力没有问题，你很清醒，但是超过80毫克仍然会被判断为一个规范意义上的醉酒。

实际上这是学科属性带来的问题，因此我想说第二个层面的交叉即作为事实科学和规范科学的交叉。在法学层面应该有一个界限，也就是说我们在法律适用的时候是以规范的证成作为主要的方法和主要的目的，但是在立法和法律实施评价的时候，应该考虑引入事实科学，因为没有事实科学的支撑，就无法评价这个立法究竟符不符合立法目的、有没有取得立法的实效。

比如疫情政策的调整，实际上是以大量的医学专家的事实性的调查、事实性的研究为基础，比如说传染性、危害性等方面，但妨害传染病管理秩序罪在具体适用的时候可能未必要参考医学专家对这个病传染可能性的判断。立法层面属于规范学科。也就是法学学科和经验学科的交叉我觉得非常必要，但是在法的适用、法的执行这个层面可能还是要突出法的规范性，让法学的方法能够成为主导。

数字法治政府建设背景下的数字法学
发展的挑战与机遇

浙江工业大学法学院院长　吕　鑫

就数字法治政府建设背景下的数字法学发展的挑战与机遇，我主要分享浙江工业大学对于数字法学的一点探索。浙江工业大学作为省属院校，实际上是以工科见长的，我们的法学在发展过程中其实也是和工科有着密切的关联。借助本校的工科平台，我有幸在2020年参与了浙江省的一个重要政府建设项目，涉及浙江省数字法治政府建设。应该说整个浙江在数字法治政府建设方面都走在了全国的前列，我们在参与的过程中也学到了很多，无论是从研究的角度还是从教学的角度来看都有很多新的看法和观点。

尤其是和多学科进行交叉、交流、探讨的过程中有一个感受，我们现在数字法学的发展已经到了不得不加快步伐的一个节骨眼上，为什么这样说？从参与数字法治政府建设的过程中我们明显感受到，学科交叉对于法学来说可能不一定非常利好，我们的法学在整个数字法治政府的话语体系建设中可能面临了很大的挑战。简单地说一下这个挑战，我们在参与浙江省数字法治政府建设的过程中总共分为三个大的阶段。

第一阶段，由信息学科等学科参与到整个数字法治政府的框架建设中。当时浙江省提出各个政府部门要实现数字化、智能化，他们主要的举措就是进行一个平台架构的重新建设，也就是对政府运行机制数字化的重构。当时浙江省政府邀请阿里巴巴（基于它的大数据）进入各个厅局，对于各个厅局的所有行政程序进行重构，建立白名单、黑名单。实际上在整个数字法治建设的过程中，第一步介入的不是法学，反而是信息学科，那么信息学科在这里带有非常强烈的系统论的思维去考虑我们整个政府运行的系统化。

第二阶段，当基础的框架搭建完成以后，进入相关数字法治政府的相关研究决策的学科仍然不是法学，而是公共管理学科。公共管理学科进入相关数字法治政府的研究领域之后，以结果为导向，提出了政府运行结构的一系列完善建议。其中最为典型的是，浙江喊出过一个叫"最多跑一次"的口号，这个实际上就是一种结果导向型的系统建构。从公共管理的角度来介入数字法治政府建设，实际上是基于治理论的角度来进行引导，以结果为导向去评价。在完成了这两个步骤之后，最后一系列法治政府建设的文件和最终的框架性的东西才是由法学参与进入的。

所以经过了这样一个数字法治政府建设的文件起草到框架搭建，包括数据的建设等过程，我们就感觉到，法学如果不加快数字法学建设，就会出现一种话语体系的弱化。为什么这么说？我们都知道政府在建构话语体系的时候，更多是构建一种政治话语体系。但是政治话语体系在解决问题的过程中，可能在有选择地吸纳其他话语体系的内容，正如我前面提到的三种话语体系，那就是信息学科系统论体系、公共管理学科的治理论体系和法学的法治论或者程序论的体系。

如果我们法学不加快相关研究的话，政府从政治话语体系的角度来说可能吸纳的不是法学的话语体系，而是信息学这种系统论的体系或者说公共管理治理论的体系。非常典型的一个例子就是大家都熟知的北京健康宝的弹窗问题。这里面就是通过信息的系统论来代替法学相关的法治论或者程序论来判定某个人能否进京的范例。在这个过程中，技术话语、技术规则代替了法律规则。

正是在这样一种背景下，我们感觉到了非常大的挑战。我们浙江工业大学以这次参与浙江法治政府建设为契机，其实也想做一些数字法治的研究，先基于这样一个机遇开始引导师生关注数字法治政府的研究，并且尝试在研究生和本科生层面开设相关的特色的课程，再在这个基础上进一步加强和我们学校已有的一系列的学科、专业之间的学术交流，进一步推动数字法治建设。2022 年迈出的第一步就是把"数字法治研究院"成立起来了，也希望在以后得到各位院长的支持和指导。

第五编

新时代纪检
监察学科建设

纪检监察一级学科建设的若干构想

清华大学法学院院长　周光权

纪检监察一级学科建设确实是新生事物，有很多问题需要仔细探讨。设立纪检监察一级学科，深入探讨纪检监察制度的基本原理，把握其发展变化的规律，能够有效地弥补纪检监察理论研究的空白，丰富和充实中国特色社会主义理论体系。通过理论研究的进步和发展来深化纪检监察体制改革，完善中国特色的权力监督机制，可以说加强纪检监察一级学科建设是新时代坚持党的自我革命、健全党和国家监督体系、实现纪检监察工作高质量发展的重要要求，是一项重大战略工程。清华大学一直重视纪检监察制度研究，我们法学院有非常强的刑法学和刑事诉讼法学团队，长期以来为纪检监察制度的运作提供了实体法、程序法、证据法的支撑。我们有老师参与了国家《监察法》的立法，还有的老师参加了国家《监察法实施条例》的征求意见。

我们学校的顾勇副书记同时也是公共管理学院教授，他和张明楷教授还有我一起参加了国家监察委组织的很多活动，这是法学院的大概情况。我们清华大学建立了纪检监察研究院，主要依托清华大学的公共管理学，研究院的前身是清华大学廉政与治理研究中心，这个中心和法学院过去都有深度合作。这个中心自成立以来积极推动纪检监察相关课程的开发，优化人才培养的模式。顾勇教授向全校师生开设了《腐败的政治经济学》公共课程，非常受学生欢迎。受中央纪委委托，中心目前正在组织开展廉政学、纪检监察国际合作等课程的教材编写。同时，清华大学廉政与治理研究中心多年来基于纪检监察鲜明的实践性特征，致力于从理论和实践一体化角度推动人才培养，形成了学术型研究生、MPA 研究生、学术型博士生相互融合的培养模式。先后培养博士生 10 余人，硕士生 200 多人。部分毕业生加入了纪检监察队伍，此外廉政和治理研究中心还积极开展博士后合作研究，先后出站博士后 30 余人，多数博士后出站以后继续从事纪检监察相关研究，目前已经在国内不同高校和科研机构发挥重要的作用。纪检监察研究院前身是廉政方面的研究中心。不久前清华大学成立了纪检监察研究院，这是一个校级的研究机构，法学院深度参与了研究机构的设立，参与机构设立的有公共管理学、法学、马克思主义理论、政治学等 4 个相关学科，但实际上参与的还有其他院系老师。我们这 4 个学科都属于国内一流学科，具有国内领先的高水平的学术研究团队，这些学科的通力合作共同推进了纪检监察一级学科队伍的建设，不断完善清华大学的人才培养结构。所以按我们现在的规划，一级学科可能不培养本科生，而是培养研究生或者 MPA 研究生，以及博士生及博士后人员。

不久前成立的研究院现在已经开始运转、进行主体研究，也在筹划一级学科建设和未来人才培养一系列问题，按照我们的初步设想，未来的纪检监察一级学科可能主要围绕以下 6 个方面进行探讨：

第一，探讨中国纪检监察体制机制建设和运作模式。

纪检监察体制机制的发展状况对于中国廉政建设来说有重要影响。党的十八大以来，党中央积极推动纪检监察体制机制改革，不断强化纪检监察力量，提高纪检监察工作成效，推进了全面从严治党，当前对党的十八大以来纪检监察体制改革的基本理论问题进行分析，总结已有的经验，对未来提升纪检监察工作实效而言有重要的价值。所以一级学科将围绕纪检监察工作设计的相关问题进行研究，包括四种形态应用、形式的监督、派驻监督等理论制度和实践创新，进一步深化国家纪检监察体制改革方面的探讨。

第二，探讨中国特色的廉政模式。

中国特色廉政模式是中国特色社会主义制度的重要组成部分。中国特色廉政模式的核心内涵突出特征和战略体系是什么，以前研究得不是太多。所以我们也准备从教育、惩处、预防、监督四个层面构建中国特色廉政模式，开展相关问题研究。

第三，探讨党和国家监督体系。

党的十八大以来党中央进一步强调监督在廉政建设方面的作用，并在党以往进行了监督工作实践探索的基础上强化监督的体系性、完整性，逐步构建了党和国家的监督体系。这个过程当中，理论和实践层面还会遇到一些困惑，比如党和国家监督体系的构成究竟包括哪些？各种监督形式之间的职能定位是什么样的？不同的监督形式之间如何协同发展，等等。对这些问题进行研究并形成相应的成果，对于坚持和完善党和国家监督体系来说有重要意义。

第四，探讨腐败测量。

主要讨论腐败指数问题。腐败形式的评估一直是廉政建设中的核心问题，是制定政策和法律依据的基础，也是党中央高度关注的问题。廉政有隐蔽性和敏感性特征，通过定量方法评价非常困难，因为犯罪的因素很多，但这是基础性问题，所以对于研究腐败和经济增长、社会公正、政治稳定之间的关系而言有重要意义。应当构建研究的理论框架和研究模型，从腐败的状况、反腐败绩效、腐败风险等维度对腐败形式进行评估，设计出具体的腐败测量的指标体系。

第五，探讨廉洁合规问题。

现在中国监察机关在探讨企业合规、刑事合规等问题。廉洁的合规主要是指中国高水平对外开放战略目标提出以后，走出去的企业到了国外以后需要进一步加强廉洁合规管理。这个既涉及党和国家的监督体系，也涉及法律法规和企业规章制度运用。如何整合这些制度，提高合规水平确实是需要考虑的。纪检监察一级学科应当探讨中国企业走出去以后，尤其是国有企业走出去以后合规的基本要求和工作规律，建构合规的指标体系，为推动不同组织的廉洁合规管理提供科学依据。

第六，探讨监察制度历史。

主要是《监察法》第6条规定国家监察工作应当加强法治教育和道德教育，弘扬中华优秀传统文化，构建不敢腐、不能腐、不想腐的长效机制。其中提及监察工作怎么弘扬中华优秀传统文化的问题。所以监察一级学科建设要探讨传统监察制度的经验和教训，形成不同于传统法治史的更加有深度、更加具体的关于中国监察制度史的一些研究，以充实监察一级学科内容。

总之，监察一级学科建设还有很多路要走，确实要聚焦纪检监察领域的重要理论问题和实践问题，深入开展工作，形成有科学性和前瞻性的理论成果，来进一步推动党和国家监察监督体系建设。

新时代纪检监察学科的理论建构与实践展开

郑州大学法学院院长　苗连营

新时代纪检监察作为新的学科出现以后，引起社会各界的关注，而郑州大学纪检监察学科无论是人力还是资源都非常匮乏，清华大学则具有发展这个学科的丰富资源。一方面，清华法学院自身实力强，拥有一批精通程序法、实体法的优秀师资，且很多老师都直接参与了监察体制改革的实际工作，对监察制度设计及运行的很多情况都非常熟悉；另一方面，清华大学还设立了廉政与治理研究中心等智库型研究机构，在国际交流合作方面具有显著优势，可以拓宽相关资源整合的渠道。所以，清华法学院的很多重要举措确实能开阔我们的思路，对我们有很多启发。

纪检监察学科的诞生，是我国纪检监察改革实践不断突破、纪检监察理论研究不断深化、纪检监察工作法治化不断推进的产物，也是我国纪检监察体制改革所取得的标志性成就。纪检监察学科作为一级学科已经被正式列入法学学科门类之下，这可以说为纪检监察学科未来的成长和发展提供了重要的历史契机和平台，是众望所归，也为我们提供了新的学科增长点，对我们来说的确是千载难逢的重大历史机遇。这个学科平台搭建起来之后，其成长和发展肯定还要经历一个漫长的岁月，是一项系统性工程，需要各个方面共同努力和推进。纪检监察学科现在面临非常急迫的现实性、时代性课题，即怎么加快构建中国自主的纪检监察学科知识体系。为什么这样说？因为，是不是有一套成熟的、系统完备的、科学的知识体系，对一个学科来说是最核心的要素，也是能否支撑它长足发展的最关键的内核。比如说，一个学科发展的关键要素之一是有一支稳定的教学科研队伍，而这样一支教学科研队伍能不能支撑和推进学科发展，关键在于这支教学科研队伍有没有足够的知识储备、理论储备，有没有深厚的学术造诣，能不能为学科发展注入强劲的、不间断的动力源泉。所以，教师队伍是不是符合学科发展的要求，最关键的就是要看这支教师队伍的学术素养、学术造诣、学术视野、知识结构怎么样，而这显然离不开知识体系的科学建构和有力支撑。

同时，对于一个学科来说，人才培养是它最根本、最重要的历史使命。任何学科的建立，肯定要把"立德树人"作为自己的首要任务，这是学科的价值和生命所在。而在人才培养的过程中，最核心的环节比如教材编写、课程体系设置、教学模式凝练等，其实都与这个学科的知识体系密切相关。首先，教材本身就是最重要的知识载体，是知识的系统化凝练和体系化表达。其次，课程体系、教学模式同样立足于成熟的知识体系之上，也都是以特定知识结构、知识体系为基础的理性探索、科学建构。最后，一个学科肯定还担负着社会服务的功能，要提供高质量的决策咨询建议，提供高质量的建言献策方面的咨询报告。能提供这样高质量的咨询建议或咨询报告，就党和国家工作大局中的全局性、关键性问题拿出好方案、亮出真本事、提出真知灼见，同样需要以知识的创新、理论的创新为基础和前提。当然，更不用说一个学科本身就需要与科学研究紧密结合起来，因为科学研究对一个学科来说是最具有显示度、最具有标志性的方面，而科学研究本身就是一种知识体系。由此可见，一个学科的成长和发展必须立足于知识体系的架构之上。这也正是习近平总书记所强调的："加快构建中国特色哲学社会科学，归根结底是建构中国自主的知识体系。"这样战略性的判断和部署，显然对纪检监察学科而言，具有更加现实的指导意义。怎么建构纪检监察学科自主的知识体系？实际上，清华大学法学院设想的对6个研究方向进行凝练的思路，已经进行了非常具有远见卓识的布局。可能围绕这6个问题的深入研究，自然而然就会推动中国纪检监察学科自主知识体系的成熟和发展。

需要指出的是，在纪检监察学科的建设发展过程中，我们还要看到一些有利的因素，同时也要看到一些现实的局限。从有利因素而言，建构纪检监察学科的自主知识体系有非常好的历史机遇和本土资源，因为纪检监察学科本身就是内生于中国社会的、具有中国特色的一个学科。它是我们党全面从严治党、坚持推进伟大自我革命的结果，是马克思主义权力监督理论中国化时代化的成果，也是深化纪检监察体制改革、健全党和国家监督体系、推进国家治理体系和治理能力现代化的结果。纪检监察学科天生就具有许多传统学科不具有的优势，有很多自身独有的本土资源、制度资源、话语资源。它的很多东西都具有原生性、原创性，比如纪律检查问题、国家监察问题、政治监督问题、国家监督问题、法法衔接问题、纪法贯通问题、依规治党问题，等等，都是内生于中国土壤的时代之问、现实之问、中国之问，这本身就为纪检监察学科自主知识体系的构建奠定了良好的基础。同时，我们也要看到纪检监察学科在发展过程中肯定还会面临一些挑战。一个非常现实的问题就在于它是实实在在的交叉学科。纪检监察学科涉及政治学，涉及党的纪律、党史党建，涉及法学，涉及马克思主义理论等众多学科的知识和理论，是典型的交叉学科。那么，如何把相关学科之间的知识真正地融合贯通起来，形成统一的、有机的、融会贯通的纪检监察学科知识体系？这可能是学术共同体所面临的一项共同使命和重大任务。所以，在构建纪检监察学科自主知识体系时，如何破解传统的法学二级学科下面的学科壁垒、避免画地为牢，将是我们不得不面对和解决的急迫任务之一。因为，传统的法学二级学科最典型的就是在学科内部存在种种壁垒和障碍。纪检监察学科是跨学科的，属于交叉学科。这就提示我们，不仅是法学学科，包括政治学的、马克思主义理论的、党史党建的各个学科，都要思考如何突破自己学科原来的知识结构和研究范式，形成一体化的纪检监察知识体系。我觉得这个工作量更大，任务可能更艰巨，也更需要一种久久为功的韧性和耐力。

纪检监察自主知识体系的构建，还面临着另一个现实问题，就是必须以一支强有力的、稳定的师资队伍为基础。但实际上，对于这样的新兴学科来说，它的师资力量相对而言比较薄弱，和传统学科相比仅仅处在起步阶段。对有的院校来说可能通过校内资源整合就可以破解很多问题，因为他们人手很多，大家转过来之后只要集中精力，就可以出成果、产生实实在在的效应。但对一些普通院校来说，其本来的师资力量可能就比较匮乏，大家原来也没有这方面的知识功底和理论储备，就会显得力不从心。所以，如何挖掘和整合现有资源来进一步推进纪检监察学科的发展，对于普通院校而言可能就面临着很大挑战。

纪检监察学科的成长，还面临着如何把人才培养和社会需求紧密结合起来的问题，要使这个学科有广阔的发展前景，最重要的就是招收大批优秀生源，不仅要让学生对这个学科产生学术兴趣，还要让他们自觉、自愿地学习，这也很重要。所以，纪检监察学科定位于高层次人才培养，不招收本科生，而直接从研究生起步，招收硕士研究生、博士研究生、博士后，是一个非常务实的思路。因为，本科专业的设立可能面临更多的问题，而研究生阶段可能相对来说对于学生未来的成长和发展空间会更大一些。

总之，纪检监察学科作为一个新兴学科已经展现出了蓬勃的生机和活力，但是它的繁荣发展和进一步的茁壮成长还需要我们共同呵护、共同努力、共同推进，也希望这个学科会越办越好。

关于纪检监察学学科政治性的几点思考

西安交通大学法学院党总支书记　　王保民

　　说到纪检监察学学科建设，西安交通大学和上海交通大学现在没法比。上海交通大学现在是家大业大，西安交通大学法学这块人少规模小、各方面资源有限。关于纪检监察教学科研，我们主要依托立法与党内法规研究中心，在法学一级学科博士点和硕士点之下，根据个人研究兴趣，由相关教师做这方面的课题研究，其学生也跟着撰写一些相关的硕博论文。"立法与党内法规研究中心"是一个校级研究机构，挂靠在法学院，前身是"立法研究中心"，十八届四中全会后改成现在的名称。该中心聚焦立法学和党内法规学研究，因而也从事纪检监察学相关研究。实际上，我们目前关于纪检监察学的教学科研基本上处于散兵游勇状态。为响应王树国校长关于学科建设应开辟新赛道的讲话，我也向学校建议过，希望整合马克思主义学院、公共管理学院、法学院等师资资源，把纪检监察学科有组织地搞起来。因为这是一个具有鲜明中国特色、顺应国家民主法治发展战略需求的极具发展潜力的新兴学科。以上是关于西安交通大学纪检监察学建设情况的简单介绍。

　　首先，纪检监察学作为一级学科，缺少本体性的基本理论，目前看起来更像是一个交叉学科。因为纪检监察是两类不同性质的活动，一个是纪检，一个是监察。纪检是党内监督，按照《党章》和《中国共产党纪律检查委员会工作条例》的规定，党的纪律检查委员会是党内的专职监督机关，基本职权是监督、执纪、问责，任务是维护党的章程和其他党内法规，检查党的路线、方针、政策和决议的执行情况，目的是全面从严治党，维护和加强党的领导。而监察是国家监督，按照2018

年《宪法修正案》和《监察法》的规定，监察委员会是行使国家监察权的专责机关，通过监督、调查、处置三项基本职权，对国家公权行使进行全覆盖式监察。虽然纪检监察都聚焦公权监督和反腐败，纪委监委合署办公，但是毕竟纪检监察是两类不同性质的活动，目前纪检监察学研究还没有提炼出作为独立一级学科本体论的共性的基本范畴和原理。因此纪检监察学更像是一个融党建、法学、马克思主义理论等学科的交叉学科，而不像一级独立的学科。个人觉得，纪检监察学背后的共性核心问题就是反腐败、国家公权治理。因此，如何从本体论的角度提炼、构筑纪检监察学学科本身共性的核心范畴和基本理论，是今后一段时间纪检监察学研究和学科建设的当务之急。不能满足于当前纪检学、监察学概念和理论的简单拼凑。

其次，纪检监察学的政治属性方面存在疑虑。纪检监察学的学科属性取决于其研究对象的属性。《监察法》出台后，对监察机关的官方定性是政治机关，纪检监察活动的基本定性是政治性活动。这个很有趣，也比较微妙。政治机关如何理解？我看了很多官方解释和学者解读，一般说法是，监察委员会是政治机关，从事政治活动，执行政治任务，政治属性是第一属性。可以理解的是，纪检监察是党政合署办公，党领导监察事业，纪委主导。因此我国党和国家监督体系以党内监督为主，组织决策上是纪委主导。从这个意义来讲，监委事实上主要是政治机关。但是，在学理上对于政治机关的理解又不太好深化。如果强调政治机关属性就是强调党的领导，那么我们国家所有国家机关，特别是政法机关也都要坚持党的领导，强调监察机关是政治机关，它独特的学理意义又在哪里？毕竟监察委员会也是依据宪法由人大选举产生、对人大负责、受人大监督的国家机关，强调它是政治机关，与它遵守法治原则是什么关系？习近平总书记多次讲话强调，纪检监察和反腐败工作要"规范化、法治化、正规化"。纪检监察实践中是否存在过度强调政治机关属性或通过强调政治机关属性而淡化或忽视法治原则和要求的情况？实践中以党纪代替国法、强调政治思维而忽视法治思维的案例不在少数。这个问题和学科建设有关系，虽然纪检监察学有鲜明的政治性，但是也有学术性和专业性。如果过度强调政治属性，后两者是否被淡化了？如果过度强调纪检监察机关本身的政治属性，会不会又淡化了它的法治属性？因此，如何处理好纪检监察活动的政治性与专业性、党纪与国法、政治思维与法治思维的关系仍是纪检监察学学科研究的重要核心内容。

此外，纪检监察实践中还存在一系列与此相关的重点问题值得深入研究，例如谁来监督监督者的问题。纪检监察体制改革以后，纪检监察机关的权力变大，纪检监察机关也变得非常强势，但对它的监督途径和力度却非常有限。虽然《监察法》也规定了人大监督、自我监督、舆论监督等方面，但实效甚微。又如，纪检监察过程中存在的程序正义问题和人权保障问题。由于纪检监察工作保密性要求高、封闭性很强、程序规定不健全、不许律师参与，这在实践中就容易引发程序正义问题和被调查人的人权保障问题。纪检监察工作封闭性强，纪检监察专业学生以后又怎么去纪检监察机关实习？再如纪检监察队伍的专业素质问题，现有队伍来自原来纪委、行政监察和检察院职务犯罪转隶检察官，缺乏系统的纪检监察专业知识学习、技能训练和职业伦理养成。那么为了建设德才兼备的高素质纪检监察队伍，是否应该参照法律职业资格考试制度建立纪检监察统一职业资格考试呢？

新时代纪检监察学科建设、困境与思路

黑龙江大学法学院院长　　哈书菊

黑龙江大学法学院在学科建设过程中也有很多困惑，接下来主要分两个部分：第一，向各位汇报一下我们黑龙江大学法学院关于纪检监察学科建设的情况；第二，把问题和困惑抛出来希望各位给予指教。

国家在 2022 年 9 月份出台了研究生教育学科的专业目录以及管理办法，把纪检监察学作为法学门类，也就是 01 下的一级学科。但是，事实上我们黑龙江大学法学院起步还稍稍早一点，在 2022 年七八月份时就已经讨论或者论证了这样的基本思路。当时在国家 9 月份出台目录和办法之前，我们已经把招生方案定下来而且予以公布。这种情况下给大家汇报一下我们目前在建的纪检监察是什么样的状态。当时我们想的是怎么来设置它的招生层面，最终决定在学术的研究生层面进行设计，这是因为我们拥有法学的一级学科硕士学位授予权，这样设计对我们来讲是最便利的一种。但是，把它设在哪一个二级专业下面？设在宪法行政法下感觉不是完全合适，设在刑法下面感觉也不是完全合适。后来的思路是在一级法学学科，也就是 0103 的下面直接跨过二级专业设置了纪检监察学方向。最直白的表述是现在设置的法学和纪检监察学方向的关系好比是爷爷和孙子的关系，越过了中间的爸爸，没有二级层次，也是我们的一个尝试。现在看来和国家指示不太一样，国家把它设在法学门类下面的一级学科，但是限于师资和经验，还是需要一个培育过程。

所以我们实际上已经把招生简章公布出去，2023 年会在法学学术层面招收 15 名纪检监察学方向的研究生。考试的科目也没敢做大胆的变化，目前黑龙江大学法学院除了纪检监察学方向原有 8 个二级专业可以招收研究生，包括诉讼法学、刑法学、宪法学、行政法学，等等，原有考试的 8 个专业考试科目是一样的，一张卷子是刑法和民法，一张卷子是法理学和宪法学。我们新设立的纪检监察方向就直接把民法换成了监察法，其他的考试科目和考试内容与原来的 8 个二级专业是完全一致的，这是我们在面对 2023 年招生时的设计，复试科目是监察法。导师队伍目前实际上进行了整合，根据具有一定相似度的学科，主要以宪法学与行政法学和刑法学两个学科为准，大约有 14 名左右的学术硕士生导师兼任。我们也在进行校外导师的双导师制聘任，也在从省纪检监察和市纪检监察去聘请有实务经验的实践导师和我们来共同指导招录的学生。后续想以国家的文件为导向，可能将以法学院为牵头，整合马克思主义理论还有政治学、党史党建包括经济学等多个学科的师资力量，未来肯定要在条件成熟时把它设立成一级学科。现有的纪检监察研究平台是有比较成熟的平台，就是党内法规研究中心。这是我们在 2019 年时揭牌设立，由省委办公厅和黑龙江大学共建的实体性研究机构。这个研究机构我们已经在硕士层面和博士层面招录人才培养学生。基本任务就是进行理论研究和人才培养，这是我们核心的两个任务，也是为建设省内智库添砖加瓦，目前也有一些智库成果得到省里领导包括国家领导的批示，形成了围绕着党内法规的科研成果，共同形成目前纪检监察的平台。具体而言，我们也有课程设置，除了公共课之外设置了 14 门选修课，学位选修中有两个必选，一是监察法学研究，一个是纪律监察学研究，其余 10 门属于学位任选课。只要选满 12 学分就可以达到培养学分要求，这是目前关于纪检监察学模块课程的设置。

另外，我们的目标主要是培养具有一般学术能力的监察学理论研究队伍，因为作为地方院校，基于目前的现实状况尚无法培养高水平学术能力人才，此外要熟悉纪检监察工作机制，同时具有综合性的业务能力，这是我们的培养目标。

最后，说一下我们的困难、困惑和学科建设思路，主要有五个角度：第一，学科定位。把它定位在研究生培养中的研究型培养还是实务型培养是正在思考的问题，目前我们作为地方法学院校比较倾向于培养实务型的纪检监察学人才。第二，师资队伍力量薄弱，我们缺少具有纪检监察知识储备和知识背景的专业性老师。实际上我们只是设置了这样一个方向，然后去引导这些团队老师关注纪检监察学研究，今后要把研究方向、研究重心往纪检监察学方向转，但是效果如何尚未可知，所以我们确实很缺专业的人才。第三，人才培养数量及质量方面、招生规模方面，招 15 个人还是 20 个人或 30 个人，也不好拿捏。2023 年我们选择了最保守的数字，设置了 15 个招生名额。也会根据今后的发展和师资队伍培养能力，再来决定适合我们的招生数量。关于培养质量方面，如何能够系统地把纪检监察工作的理论程度包括制度成果，形成国家所要求的科学化、体系化、学理化的纪检监察知识体系，是我们的困惑和在探索的问题。相较于法律性、法治思维，我觉得纪检监察还是偏重于政治性，我们作为法学院可能也要突破一些培养人才的思路，如何把政治性和法律性、法治精神结合，培养有温度、有法治精神的法治人才是我们急需要探索和破解的问题。第四，我们目前科研成果积累比较少，如何加强纪检监察工作的理论建设。将来我们基本思路是设立一些研究平台为大家提供研究机会，另外能有纵向横向的研究课题激励团队从事这方面研究。第五，如何把纪检监察学学科和多门学科协调衔接。因为现在国家把它设成法学门类，具有明显的综合特性，兼有纪和法的研究范畴。如何突破原有一级学科设置，甚至是跨过一级学科中的二级专业，把法学、政治学、党史党建融合在一起，也是我们需要解决的问题。

纪检监察学的特征与学科建设的思考

河南大学法学院院长　蔡　军

河南大学法学院现在也在准备重建纪检监察学院和纪检监察学科，河南省领导都很重视。省委纪委书记和主管教育副省长也多次和我们河南大学沟通，想让我们先在全省内建立这样的学院，把重任压给我们。关于纪检监察学的特征和学科构建，我认为应该有以下特征。

第一，自主性特征。自主性要求我们构建学科时要坚持中国特色、体系自主。纪检监察学在知识来源上具有强烈的本土性，从而在知识体系上具有鲜明的中国自主性格。从古到今，中国社会对公权力的制约模式探索从来没有中断过，从秦朝的御史大夫到汉朝的刺史、隋唐的御史台、元朝的监察御史，再到明清的都察院，封建王朝建立了一套有效的治吏制度，这可以说是中华法系为后人留下的宝贵财富。其中的经验和教训也成为中国本土监察模式发展的基石所在。与古代的监察制度不同，纪检监察制度是中国共产党纪律检查制度和中华人民共和国国家监督制度的合称。纪检监察制度在中国特色社会主义制度中具有重要的地位，它是坚持和加强党的全面领导的基础性制度，是党和国家专门的监督制度，是中国特色的反腐败制度，是规范纪检监察活动的制度体系，是将马克思列宁主义的党和国家监督理论同中国建设实际相结合的结果。纪检监察学是围绕完善中国独特的党和国家监督体系，推动国家监督体制改革、体制机制创新形成的知识体系，这一学科是我国在中国特色社会主义建设道路上坚持自主发展的产物。它吸收了中国监察历史中的文化智慧，总结了纪检监察机关成立以来监察工作中的实践智慧，考虑了我国对于监察事业发展的实际需要，综合了传统的党的纪律学和国家监察理论，因而具有浓郁的中国特色和中国情怀，完全是从中国问题出发、解决中国自身问题的本土知识体系。纪检监察学科的自主性决定了学科学术体系和话语体系构建的自主性。具体而言，自主性决定了学科体系、学术体系构建的出发点和落脚点，即要瞄准中国本土实际、彰显中国特色以及争取学术话语权。这就意味着一方面要在学科建设中坚持以习近平新时代中国特色社会主义思想为根本遵循，以习近平法治思想为根本依据，突出中国纪检监察制度的基本经验和基本问题，并在此基础上培养学生运用基本理论分析中国纪检监察制度和解决中国自身问题的能力；另一方面要明确界定纪检监察学科的内涵、外延、科学划分学科界限，将纪检监察的相关概念、范畴、定律以及原理系统化，形成纪检监察领域特有的专业术语、话语体系和知识结构，努力形成具有中国特色、中国风格、中国气派的纪检监察学术话语体系。

第二，实践性。纪检监察学来自实践，也要着眼于实践的运用。由于历史和体制原因，我国纪检监察学的发展与现实实践和社会生活形成了非常密切的关系，始终面临着彼此关联而又相互促进的双重任务。一方面，纪检监察学来自实践，中国特色社会主义丰富的纪检监察实践为提炼和总结规律性成果，把实践经验上升为系统化的理论提供了现实依据。纵观中国共产党百年纪检监察体制发展史，大体经历三个主要阶段：一是纪检阶段，二是监察阶段，三是纪检监察阶段。尤其是党的十八大以来，我们党和国家探索出一条长期执政条件下解决自身问题、跳出历史周期率的成功道路，构建了一套行之有效的权力监督制度和执纪执法体系。这条道路、这套制度必须长期坚持并不断地巩固发展，是一个完整的科学体系，而纪检监察学正是从整体上研究党内监督和国家监督的基本原理和科学体制的学科，体现出从制度实践转向专门理论研究的特征。另一方面，纪检监察学应用于实践，党的十八大以来，随着我国党风廉政建设和反腐败工作形式的不断深入发展，纪检监察工作专业化程度不断提高，迫切需要专业人才和理论研究提供有力支撑，亟待一个相对成熟和完善的纪检监察学科夯实创新基础。在"两个一百年"的奋斗目标历史交汇点上，建立纪检监察学一级学科是党和国家重大需求和学科导向，是深入贯彻习近平关于党的自我革命的战略思想和积极构建中国特色社会主义学科体系的重要举措。纪检监察学科的实践性决定了人才培养和科学研究的实践面向。从学科目的看，纪检监察学科建设要服务于中国纪检监察工作发展的现实和未来需要。既要回应当前纪检监察工作的现实需求，又要满足未来纪检监察工作的发展需要。

第三，科学性。纪检监察学在于发展规律，也在于构建原理，纪检监察学是一门科学，是关于纪检监察制度及其发展规律的系统知识体系，是中国共产党纪律检查活动和中华人民共和国国家监察工作实践经验的总结和概括。纪检监察学的研究对象是纪检监察制度和纪检监察活动，也就是党的纪律检查和国家监察制度及其活动。纪检监察学科的科学性要求学科体系、学术体系和话语体系构建时，要注重发现纪检监察制度运行的基本规律，挖掘制度表象背后的基本原理。同时要与域外的相关模式进行横向对比，确保纪检监察学既符合中国本土实践，又不违背纪检监察的一般规律。由此，纪检监察学科体系至少包括以下四个层次：一是重点研究中国特色社会主义监督制度，包括党内监督体系和国家监察体系；二是重点研究纪检监察的基本理论范畴，包括纪检监察的一般理论和基本规律；三是重点研究纪检监察制度及其运行，包括纪检监察法律体系、纪检监察实践工作和活动；四是重点进行纪检监察的比较研究，包括我国的纪检监察制度的纵向比较，以及同域外监察廉政相关学科的横向比较。

第四，综合性。纪检监察学是一门研究范式多元化的新兴学科，要求学科交叉也要求在人才培养上进行复合培养。纪检监察研究离不开法学、政治学、社会学、马克思主义理论、中共党史党建、史学、教育学、心理学等相关学科的辅助，需要借助这些学科的研究方法来综合解析纪检监察实践中的问题，并进一步凝练深化成具有指导意义的科学理论。多学科从一定程度上构成了纪检监察学的多元研究范式，有助于促进学科之间的良性融贯，以形成一种相互促进和提升的模式。纪检监察学是一门兼顾政治和法学双重属性的学科，具有鲜明的学科特点。从政治属性上来说，纪检监察学科同时涵盖了党纪和国法的研究范畴。纪检监察学科兼具纪和法的研究内容和特点，其研究对象既包括党内法规也包括国家法律，既要注重二者在各自领域的分别适用，又要关注纪与法之间的协调衔接。纪检监察学科体现出多学科融合性，这也意味着其学科研究范式必定是多元化的，不单与法学门类下面的其他二级学科相关联，而且要借鉴哲学、经济学等理论体系进行研究。纪检监察学科的复合性决定了学科的研究范式和人才培养模式。在既往的纪检监察学科的建设实践探索中，我也梳理了目前很多国内高校的探索，整体来看，高校倾向于将纪检监察置于法学、政治学和马克思主义理论等学科之下进行学科培育，在此基础上逐渐形成了纪检监察学、监察法学和廉政学等相互关联又独具特色的研究方向和领域。但是随着国家监察体制改革的持续深化，传统的法学、政治学和马克思主义学科已经难以完整呈现纪检监察的理论精髓。比如在法学领域下纪检监察偏向于纪检监察中的监察层面，难以充分包容纪检监察的整体；在政治学领域下的纪检监察，更多侧重于纪检，对国家监察体制、监察法治体系下的建设没有予以充分顾及，没有突出监察在法治反腐中的重要地位和作用；在马克思主义理论学科下培育的纪检监察，的确能够提高学科理论的高度和深度，但是仅停留在原理和理论层面是远远不够的，应当更加密切地结合中国纪检监察工作的本土实际，既要注重理论的提炼，又要强调将理论应用于具体实践。可见，纪检监察学具有明显的综合性，它是一门交叉学科。纪检监察学科的综合性决定了各个学科要相互沟通、互通有无、取长补短，构建融贯性研究和教学模式。

浅谈纪检监察学科的制度建构功能

同济大学法学院院长　蒋惠岭

同济大学在纪检监察学科建设方面有一定基础，例如同济大学有马克思主义学院、政治与国际关系学院、法学院以及公共管理学科，下一步需要进行谋划，整合力量，努力跟进，因为单纯依靠一家的力量很难做成这样一项宏大的工程。

中央在《面向 2035 高校哲学社会科学高质量发展行动计划》中曾明确要求，要发展具有重要现实意义的新兴学科和交叉学科。纪检监察作为党和国家的一项职能和工作早已有之，而今天正式成为一个学科，可以说是落实中央要求的一项重要成果。下面，我重点从纪检监察制度与纪检监察学科之间关系的角度谈一点心得体会。

第一，先有制度，后有学科。40 年前我在大学里学习行政法时，行政监察制度只是行政法课程中的一个章节，有很强的应用性。后来，国家制定了《行政监察法》，但仍然属于行政法范畴。2018 年的《宪法修正案》将"监察委员会"作为国家机构体系中的一个独立分支，从而确立了国家监察制度的宪法地位。《监察法》的后续修改将监察委员会的职责作了细化规定，实际上可以分为三大类：一是开展廉政教育进行监督检查，类似于促进守法方面的职能；二是对于违法和犯罪行为拥有调查权；三是决定权、移送权以及建议权。

为了履行上述职责，法律同时规定了监察的权限、监察程序等。正是这些制度的确立，在一定程度上界定了今天诞生的纪检监察学科的范畴。因此可以说，纪检监察学科的建立与先前的制度建设密不可分，学科的发展也必将与制度建设同步进行。

第二，结构跨域，党政共享。纪检监察工作以及纪检监察学科建设不仅关乎国家治理，也是从严治党的任务，充分体现了中国特色。在我国，党内法规体系已经成为社会主义法治体系中的一个板块，从严治党也被作为国家治理现代化工程的构成部分。党的纪检工作与国家的监察工作结合起来，共同形成了纪检监察学科的制度基础。

如果从国家治理和从严治党这两个不同类型职责角度来看，似乎也可以将纪检监察学科作为"交叉学科"或"学科交叉"对待。但作为社会科学中的一支，纪检监察学科的重大突破可能在于它整合了两大领域中具有监督职责的内容，并将其中通行的实践、制度进行提取、升华，形成统一的理论体系和实践支撑，进而成为社会科学中的一个分支。由于从严治党和国家治理分属党政，运行中自然有各自的界限和规律要遵循，即使目标方向一致，也不能将两者完全混同。所以，在纪检监察学科建设过程中，需要有机衔接、紧密结合，保持两者的融合关系。

第三，约束公权，"法""政"共治。不论是交叉学科还是学科交叉，或者只是作为一个独立、单一的学科，纪检监察学科应当有自己的主导精神、理论体系和实践支撑。我的理解是，纪检监察学科的研究对象是对公共权力的约束，而社会科学中的许多学科都涉及公共权力问题。因此，作为法学学科门类下的一个学科，纪检监察学科与法学、政治学、马克思主义、公共管理、行政学等学科都有密不可分的联系。《监察法》中既有行政管理的内容，又有法律的内容；既有实体内容，又有程序内容，甚至还有说服劝导、宣传教育的内容。可见，纪检监察学科的发展需要多学科、多学院、多平台的共同努力，特别是法学与政治学的联手推动。

第四，专业标准、职业导向。《监察法》中规定的"监察官"这一官职既是国家公务员体系的组成部分，又体现了监察工作的专业性乃至职业性。虽然监察官尚不属于法律职业，但从其工作内容来看并不排除未来作为法律职业构成部分的可能，而且类似的先例也是存在的，例如中央关于法律职业建设的改革方案中已经明确行政部门直接从事执法和裁决工作的这部分人可以作为法律职业人员。不过，监察官的职责范围并没有完全重合于法律工作，所涉及的工作并不只是法律专业事宜。考虑到对于监察官在监察专业知识方面的要求比普通的行政工作人员要高得多，因此为监察官建立专业标准是提高监察工作水平、完成监察使命的重要保障。至于监察官能否成为一个独立的职业，就目前的情况来看似乎尚不具备条件。在专业化建设过程中，应当着力突出纪检监察工作的管理性、法律性，并在纪检监察学科理论的支持下，构建相对独立的知识体系、能力体系。如果能为纪检监察学科确立专业标准、职业导向的发展路径，不仅有利于纪检监察学科的稳步发展，更重要的是能够在最大程度上贴近事物的本质属性。

总之，在纪检监察学科发展过程中，我们要保持积极的态度和实质的投入，同时也要避免头脑发热、短期行为。要从一开始就把握住纪检监察学科发展的客观规律和正确方向，尽量少走弯路，提升效能。

中国式现代化与纪检监察学科建设

山东大学法学院院长   周长军

伴随着国家监察体制改革，特别是在 2018 年《监察法》通过之后，职务犯罪侦查权由检察机关转隶到监察委。我的主要研究领域是刑事诉讼法学，所以对职务犯罪的监察有一些涉猎，研究兴趣也从原来的刑事诉讼法学向监察法学领域延展，于是选了这个讨论主题。我的发言分为三个方面：第一，纪检监察学科建设的重要性和迫切性。第二，山东大学在纪检监察学科建设方面的探索和努力。第三，关于纪检监察学科建设的一些思考。

第一个方面，是纪检监察学科建设的重要性和迫切性。党的十八大以来特别是国家监察体制改革以来，纪检监察研究的意义越来越重要。2018 年，全国人大通过了《中华人民共和国监察法》，设立了监察委员会。监察委员会与党的纪律检查机关合署办公，这是我们现在讨论纪检监察学科建设的重要动因，因为二者合署办公以后相关规范、行为、程序等方面带来了许多新的值得研究的问题。2019 年，《中国共产党纪律检查机关监督执纪工作规则》印发；2020 年，《中华人民共和国公职人员政务处分法》通过；2021 年，《中华人民共和国监察官法》通过；2022 年，《中华人民共和国监察法实施条例》颁布。可见，纪检监察规范体系初步形成。2022 年9 月份，国务院学位委员会、教育部又发布了《研究生教育学科专业目录》和《研究生教育学科专业目录管理办法》，将纪检监察学设定为法学门类下的一级学科。党的二十大报告中指出，要以中国式现代化"全面推进中华民族伟大复兴"，"全面从严治党永远在路上，党的自我革命永远在路上，决不能有松劲歇脚、疲劳厌战的情绪，必须持之以恒推进全面从严治党，深入推进新时代党的建设新的伟大工程，以党的自我革命引领社会革命"。在反腐败背景下，在党的自我革命重大工程中，纪检监察学科建设的重要性和迫切性日益凸显。

第二个方面，是山东大学在纪检监察学科建设方面的探索和努力。山东大学在2017年就牵头成立了山东省法学会党内法规研究会，2020年又作为挂靠单位成立了山东省法学会监察法学研究会。这些研究会成立以后，每年都举办年会，并组织开展党内法规学、监察法学领域的课题研究和理论研讨会。在学生培养层面，山东大学很早就招收党内法规学方向的硕士生和博士生，不少学生已经毕业分配到知名高校、科研机构或者党政机关工作。近两年开始招收监察法学方向的硕士生和博士生。此外，我校正在研究由法学学科与其他相关学科合作成立纪检监察学院以及设立纪检监察学一级学科的可行性。

第三个方面，是关于纪检监察学科建设的一些思考。纪检监察学科建设是一个系统工程，包含师资队伍、科学研究、人才培养、社会服务等方方面面。比如，人才培养方面，培养方案如何制定？无论是本科生、硕士生还是博士生，其培养方案中都需要设置哪些课程？如何开展实习实训？人才培养的规模多大是合适的？社会需求到底有多大？诸如此类的问题都需要进行研究。再比如，作为纪检监察人才培养的前提，我们要对纪检监察学这个学科有比较成熟的研究，包括它的学科属性，也包括其学科体系、学术体系、话语体系如何构建的问题。三大体系的构建需要有自主的纪检监察学知识体系作支撑，但在这方面目前尚存在较大的认识分歧和难题。这来源于纪检监察学研究对象的特殊性。传统法学学科都有其特定的研究对象，而且都在法学领域内，但纪检监察学有所不同，它涉及两个领域：一个是法学领域的监察，另一个则是党的纪律检查。这两个领域的活动、行为、场域有很多的不同，在这两个领域从事监察工作与从事党的纪律检查工作的人员，其思维方式和话语表达均存在较大的区别。党的纪律检查工作强调政治性，诸如党的自我革命等是党内法规中非常重要的范畴，监察工作则强调规范性和专业性，因而二者需要进行有机融合。首先，从学科上讲，纪检监察学是法学门类之下的一级学科。其次，从实践中看，党的纪律检查机关和监察委员会采取合署办公的模式，其实就是一套人马、两个不同的机关名称，所以如何把党的纪律检查人员和监察人员的思维、话语表达等有机融合起来，就显得格外重要。此外，从纪检监察学的研究队伍来看，现在的研究者基本上都是从其他相关学科转过来的，既有原来从事宪法学研究或行政法学研究的人员，也有原来从事刑事诉讼法学研究或者刑法学研究的人员，还有原来从事党内法规学、政治学、党建或行政管理学研究的人员，等等。这些原来学科归属不同的研究人员在做纪检监察学研究时，视角、观念、思维、方法等方面都可能会受到原来研究学科的规训和影响。因此，现在不仅是需要进行研究队伍的人员整合，更需要在研究人员的思维、理念、研究规范等方面实现有机的融合，通过共同的学术努力提炼出纪检监察学所特有的学科范畴、知识体系、研究方法，构建纪检监察学的学科体系、学术体系和话语体系。这是非常重要也是迫切需要破解的难题。

对于纪检监察学人才培养，我个人认为，由于国家还没有发布统一的培养方案和培养要求，因而每个学校基于各自情况进行的探索都是可贵的，很有价值。

新时代纪检监察学科建设的若干问题

河北大学法学院院长　　陈玉忠

从纪检监察学科和专业人才培养来看，河北大学法学院还没有进行研究生层次的人才培养，2022 年才申报了本科专业，如果本科专业能够获批的话，今天各位同仁的发言对未来我们的专业和学科建设而言具有重要的启发意义。

2022 年 9 月 13 日国务院学位委员会教育部联合印发的《研究生教育学科专业目录》和《研究生教育学科专业目录管理办法》，将纪检监察学正式纳入新版的学科专业目录，这就意味着纪检监察学正式成为法学门类下的一个一级学科，由此解决了纪检监察学一直以来存在争议的学科归属问题。将纪检监察学归属于法学门类，不仅符合我们国家高校学科建设的实际，同时也符合纪检监察实践的基本规律，而且也有利于推进纪检监察工作的法治化，提高纪检干部的培育水平，促进纪检干部的法律意识、法律思维和法律能力提升。

我主要围绕三个问题进行交流。

第一个问题是纪检监察学科建设的相关规定，主要有五个方面：

一是 2021 年 8 月 20 日通过的《中华人民共和国监察官法》，第 29、30 和 32 条分别规定了初任监察官的培训，监察官的政治、理论、业务培训和设置监察专业等内容规定。二是 2021 年 12 月 24 日中共中央发布的《中国共产党纪律检查委员会工作条例》，第 47 条强调要加强纪检工作的理论研究和学科建设。三是 2021 年 12 月 10 日国务院学位委员会办公室发布了《关于对〈博士硕士学位授予和人才培养学科专业目录〉及其管理办法征求意见的函》，在函里就纪检监察作为一级学科纳入法学门类向社会广泛征求意见。四是 2022 年 2 月 25 日，教育部发布了《关于公布 2021 年度普通高等学校本科专业备案和审批结果的通知》，确定在法学门类、法学专业类增设纪检监察本科专业。五是 2022 年 9 月 13 日，国务院学位委员会教育部联合印发的《研究生教育学科专业目录》和《研究生教育学科专业目录管理办法》，将纪检监察学正式纳入新版学科专业目录。这是简单的梳理和回顾。

第二个问题是将纪检监察学作为法学门类一级学科进行建设的重要意义。

首先，设置纪检监察学科是贯彻习近平法治思想、落实正风肃纪反腐、一体推进三不腐重要论述的重要举措。其次，设置纪检监察学科是坚持和完善中国特色社会主义法治体系、推进国家治理体系和治理能力现代化的必然要求。另外，设置纪检监察学科是加快培养纪检监察人才、提升纪检监察理论水平、推进纪检监察工作高质量发展的应有之意。

下面重点谈一下第三个问题，关于推进纪检监察学科建设需要重点解决的几个问题：

第一，全面提升纪检监察研究主体的素质，培养一支高素质、高学历、高水平的科研队伍。

当前，许多廉政研究机构和设置监察类学科的高校都培养和打造了一支高素质的研究队伍，造就了一批高层次领军人物型的专家学者。这些学者大多在与纪检监察相关的学科领域中具有一定的学术地位，取得了一定的研究成果，产生了良好的学术与社会效应，对于纪检监察学学科队伍的发展壮大起到了至关重要的作用。推动主体专业素能的提升，主要依托两个方面。一方面，扩大学科人才队伍。纪检监察学科内的研究人才对于纪检监察学学科体系的建设发展具有独到的见解，是当前推动纪检监察学学科研究的骨干力量。虽然纪检监察学学科建设已经有了一定成果，但仍处于初步探索阶段，与法学、政治学等关联学科相比，发展水平还有待提高，尤其是专业人才规模效应仍未充分实现。因此，要吸纳更多的交叉学科人才加入纪检监察学的学科队伍当中，充实研究力量，形成学科建设与人才发展良性互动的局面。另一方面，提升理论研究水平。自纪检监察学科和相关科研机构建立以来，纪检监察研究如火如荼地开展。以纪检监察为主题，研究者们已经完成多种形式的科研成果，包括但不限于基础教材、学术专著、专项课题、理论文章。比如，在教材方面，马怀德教授和秦前红教授围绕监察法内容分别主编了《监察法学》和《监察法学教程》，李晓明教授主编了《国家监察学原理》，王希鹏教授主编了《中国共产党纪律检查工作概论》。这些理论研究成果为纪检监察学科发展奠定了良好基础。多部教材的出版也再次表明有针对性的理论研究对于纪检监察学学科建设的重要性，因此应当充分挖掘纪检监察学科的可开发内容，推动纪检监察学科的持续性研究。

第二，通过学科平台建设和专业刊物的创办，丰富研究载体，促进纪检监察研究活动的开展。

一方面，应注重纪检监察学科的平台建设。目前，全国已先后成立了各类纪检监察研究机构，并为其配备相应的科研人员，初步形成了纪检监察研究网络，但同时具备信息研究和资源整合利用能力的权威机构仍然缺乏。为了助力纪检监察活动向纵深发展，应当通过纪检监察学科创建相关研究平台，结合各自的功能定位和资源条件，会同国内外其他研究机构、社会组织和政府部门，开展一系列纪检监察理论研究与研讨活动，促进理论研究与实践探索的结合。另一方面，需关注纪检监察学科的专业刊物和相关研究栏目的创设。当前，监察机构创设的刊物有中央纪委、国家监委主管的《中国纪检监察报》和《中国纪检监察》杂志，高校创办的刊物及栏目有中国社会科学院主办的《廉政学研究》、南通大学主办的《廉政文化研究》、广州大学主办的《广州大学学报（社会科学版）》中的"廉政论坛"栏目，报社创办的刊物有四川日报报业集团主办的《廉政瞭望》等。

第三，明确纪检监察学科的研究对象，构建稳定的学科体系。

专门而稳定的研究对象和相对成熟的学科体系是证成学科独立性的重要标志，也是纪检监察学作为一门独立学科的前提和基础。关于纪检监察学的研究对象，学界主要有以下三种观点。

一是把纪检监察学等同于纪检学或纪检学＋监察学。例如，蒋熙辉认为纪检监察学研究违纪行为认定与处理、违纪行为惩治与预防，纪检监察学主要包括纪检学和监察学。又如，杨永庚等提出把研究对象扩展到"从严治党"问题。其实，"从严治党"不应是纪检监察学的研究对象，而是纪检监察工作的目的，如果研究对象是"从严治党"问题，也难以和中共党史党建学科相区分。

二是把研究对象确定为纪检监察制度与纪检监察活动。例如，王希鹏提出纪检监察学是关于纪检监察制度及其发展规律的系统知识体系，是纪检和监察活动实践经验的总结和概括。他认为纪检监察规律、纪检监察理论、纪检监察机关等内容不宜作为纪检监察学的研究对象。

三是把纪检监察机关任务职责等同于研究对象。王希鹏认为纪检监察学的研究对象应当包括党和国家监督体系、党风廉政建设和反腐败斗争以及纪检监察活动的理论、制度和实践等内容。纪检监察学科具有特有的研究对象和研究范围，体现了中国模式的特色和优势。纪检监察主体是纪检监察行为的实施者，即纪检监察机关。纪检监察客体是纪检监察行为的作用对象，包括党和国家监督体系、党风廉政建设和反腐败斗争等。如果这样宽泛地界定学科研究对象，纪检监察学就不是一个学科，而是跨学科或交叉学科。因为从党和国家监督体系的内容来看，其中人大监督、民主监督、司法监督是政治学、法学研究对象，审计监督是审计学研究对象，媒体监督是新闻传播学研究对象，党内监督是中共党史党建学研究对象。

第四，补齐本科教育短板，构建完整纪检监察人才培养体系。

纪检监察研究生教育呈现出多源并发的特征，并已取得相对成熟的经验，而同时期本科教育明显进展缓慢且视角单一。究其原因，一是学界对此关注不够，对于纪检监察学科的讨论大多是围绕研究生教育展开；二是与本科侧重通识教育的培养理念有关。相比于《目录征求意见稿》只是提出一级学科的构想，本科专业建设这次走在了前面。2022 年 2 月，教育部公布了本科新专业名单与高校备案审批结果，正式新增法学类"纪检监察"专业，内蒙古大学开设全国首个纪检监察本科专业。作为第一个"吃螃蟹的人"，能在全国发挥引领示范作用、带来品牌效益、提升社会知名度认可度，但也意味着并无现成的样板与经验参考，只能"摸着石头过河"。以往纪检监察领域的本科培养并没有充分体现出跨学科的特征，视野局限显著。如云南师范大学 2013 年开设法学纪检监察方向的全日制本科和函授本专科，西安文理学院 2015 年开设思想政治教育纪检监察方向本科专业，西南政法大学 2018 年开始在法学本科生中选拔人员组成监察法学实验班。

本科专业建设的难点是课程体系的构建，其面向的是刚结束基础教育的新生，这是一个从无到有的知识积累过程，也即以通识教育为主。然而随着社会经济发展，工作岗位的职能分化也在推动着学科设置的精细化，法学类专业已从最初的1个发展到8个，反映出当今的本科教育是披着通识教育外衣的专业化教育这一本质。那么如何搭建纪检监察专业的课程体系呢？法学基础课程加专业特色课程是最有效的路径，云南师范大学、西南政法大学都是这样践行的，内蒙古大学也在保留法学主体课程的基础上建设了13门纪检监察专业课与实践教学课。专业特色课程完全可以吸纳相关的研究生课程，二者的知识结构在广度上应是一致的，区别仅体现在深度上。因此，可以相应地调整授课模式与考核方式：增大老师讲授的比重，适当降低理论深度，多采取本科常见的考试方式结课。此外，加快完善二学位与辅修双学位等本科配套培养机制，鼓励纪检监察专业本科生"走出去"修习经济学、会计审计学、公共管理学、公安学、心理学等关联学科，也支持其他学科背景的学生"走进来"修习纪检监察专业，从而培养具备不同学科素养的复合型人才。

跨学科交叉融合：纪检监察人才培养模式的探索

福建师范大学法学院院长　杨垠红

我分享的主题是"跨学科交叉融合：纪检监察人才培养模式的探索"。主要有两个方面内容，一是意义，二是具体探索。关于纪检监察学科建设的重要性，确实它是一门同党和国家事业发展密切相关、为党风廉政建设和反腐败斗争提供理论指导、具有重大现实意义的新兴学科，也是加快构建中国特色的哲学社会科学学科体系的重要一步。

加强纪检监察学科建设，培养纪检监察人才队伍，是新时代坚持党的自我革命、健全党和国家监督体系、贯彻全面从严治党、实现纪检监察工作高质量发展的重要要求。党的二十大报告当中习近平总书记也多次强调全面从严治党，强调了党的自我革命，强调了反腐败斗争的持久性。所以随着全面从严治党的深入推进、纪检监察体制改革的不断深化，党和国家需要大量的纪检监察理论研究人才和实务人才。2022年新版的研究生教育学科专业目录印发，纪检监察学成为法学门类下面新的独立一级学科，具有鲜明的综合特性，涉及马克思主义理论、政治学、法学、管理学、党史党建等多种学科的交叉融合。

所以我现在关注的是如何通过跨学科交叉融合，探索纪检监察人才培养模式，这个是当前法学教育改革探讨的重要主题，也是顺应时代发展的有力探索，具有重要的理论和现实意义。我们学校和学院在这方面也做了比较好的前期积淀。福建师范大学在福建省率先成立了纪检监察学院，学院并非独立，而是依托法学院进行建设。相当于两个牌子一套人，为我们开展纪检监察人才的培养模式和探索奠定了比较好的基础。

我们学校和学院在这方面还是有一定积累的。第一，有实力比较雄厚的若干支撑学科。福建师范大学虽然是地方性高校，但是文科见长、文理交融。相关学科比如像马克思主义学科、公共管理学科、经济学科都是从之前的经济法律学院分出来的，所以学科之间、学院之间的历史联系非常密切，便于我们进行跨学科融合性交流。第二，人才培养起点定位在硕士学位阶层。因为考虑到多种因素，比如将来学生就业、社会需求量等因素，我们没有选择从本科开始，还是从硕士生开始培养。学院拥有"全国首家、省内唯一"福建省党内法规实施评估中心，而且很早成立福建省监察体制改革与监察法研究中心，这些平台也促生我们产生一些比较重要的研究成果，也为人才培养奠定比较好的基础。第三，已经开始招收纪检监察人才。比如我们在法律硕士的宪法与行政法治方向、党内法规研究方向已经招收相关研究生。还开设了"党内法规专题研究""习近平法治思想概论""监察法"等课程，研究生培养已经有一定基础。第四，长期以来，学校纪检监察成绩显著、特色彰显。学校成立了反腐倡廉研究中心、廉洁文化研究中心，产出了很多项目课题以及相关专著，也为我们和纪委部门合作奠定了前期良好的联系。

粗浅地谈一下探索。不同高校的侧重点不一样，我们不能一窝蜂而上，而是根据自己的特点去定位发展自己的人才培养模式。对于地方高校来说，主要立足于福建需求辐射全国，以人才培养带动培训、研究等方式来实现培养模式的多元化。主要体现为以下四个方面：

第一，优化人才培养方案，深化课程体系改革，建设纪检监察人才培养的一流课程体系。我们打算把思想政治教育融入教育全过程，我们说纪检监察人才培养很重要一点就是政治性要强，如果政治性都受到影响的话，培养的人才肯定不能用，要政治性和法治性、专业性相结合，所以课程体系设计上要体现三性：自主性、科学性和融贯性。自主性主要是立足中国本土实际、彰显中国特色以及争取学术话语权。科学性主要体现在我们要发现纪检监察制度运行的基本规律，挖掘制度后面的基本原理，同时要与国外的相关制度模式进行横向的对比，确保纪检监察学既符合中国本土实践，又不违背纪检监察的一般规律。融贯性，因为纪检监察特殊的研究对象、特殊的人才培养需求体现在多方面交叉，包括研究内容上的交叉、研究方法上的交叉和人才培养机制等方面的交叉。希望通过这样交叉的培养模式实现融通的教学和研究的良好互动模式。课程体系设置上也准备开设纪检监察概论、监察法学、廉政制度文化等一系列交叉性课程，不仅仅是法学老师在努力，学校也在整合马克思主义、政治、经济、历史这些学科老师共同开设一些交叉性课程。我们也注意到纪检监察人才培养不仅注重理论人才培养，更重要的是注重实践人才培养，即注重实践性。所以我们打算和实务部门比如省纪委、省检察院共同开设一些实务性课程，实现教学内容的推陈出新，也推动纪检监察学的教育迭代升级。

第二，要推进多学科交叉融通，强化校内外的合作交流，培养高素质的纪检监察人才。全球法治和中国纪检监察都提出了发展前沿性问题，我们会紧扣前沿热点难点问题启动制度化、常态化的法学加纪检监察知识的更新工程。我们打算通过跨学科、跨学院、跨界别的创新团队或者工作坊的方式来系统开展纪检监察的交叉研究和讲述。其实一定要在适量的研究积累之上我们才能把课上好，培养出具有坚实基础的高素质的监察人才。所以研究同时，我们也要把研究内容和讲授内容有机结合起来。我们主要通过三种方式：多学科、多学院融合教学，实现纪检监察教学和研究从静态到动态发展；从学科专业领域的自我引领到问题导向的综合推动，看看社会需求是怎样的，以及纪检监察制度运行需要我们培养什么样的人才，推动具有中国特色的中国纪检监察学教育的创新和升级；校内就是通过不同学院之内的协同创新进行跨学院的选修选课。我们注意到，像中国政法大学、西南政法大学、中国纪检监察学院包括上海交通大学都在纪检方面有很重要的研究和资源，我们希望通过这样的合作进行资源共享，实现学生的跨学院选课或者交流培训。

第三，我们打算打破制度壁垒，推进校府、校地、校院、校所、校企之间的深度合作。关于委校共建，我们打算和省纪委共建纪检监察学院，目前已经和省纪委形成良好互动，对方也很支持我们纪检监察学院的建设。之前一位学校领导在省纪委做常务副书记，他退休之后也回到我们学校加强我们这方面的建设。一是希望和纪委共同合作，协同开展纪检监察人才培养，通过互聘互联促进师资队伍的强大。二是通过和司法机关共建学术团队，共同开展纪检监察实践当中的难点、热点问题研究，提升学生应对复杂问题的能力。三是专业人才共建，我们打算引入立法者、执法者、法官、检察官、律师、企业等实务部门的优秀专家来参与纪检监察人才培养，纪检监察学科建设实践性很强，希望通过培养目标的共同制定、课程的共同设计、优质教材的共同开发还有教学团队的共同组织以及科研活动的共同开展、毕业论文的共同指导、实践基地的共同建设等方面实现教师资源多元化和资源共享。

最后是现代科学技术应用，借助现代科学技术打破时空限制，推动纪检监察人才培养模式的现代化。受到疫情影响，学生在学习、生活方面都有很多不便，心理上也发生了一些变化。在这样的疫情常态化之下探究我们怎么开展有效教学、丰富学生的教学实践空间，还是很有必要的。所以我们打算以国家级虚拟仿真课程作为先行，开发国家级虚拟仿真课程。推进虚拟仿真一流课程和虚拟仿真中心，我们有省级中心，也有央地共建实验中心，还有一系列省级虚拟仿真课程，因此打算以这个作为着力点继续开发纪检监察实践方面的虚拟仿真课程，通过强化训练使学生更好地理解和应用纪检监察方面的规定和规范，提升学生实践应用能力。这样一种虚实结合方法能够为实践教学提供常态化场所和便利化保障。

图书在版编目(CIP)数据

中国式现代化与法学教育发展/汪后继,彭诚信主
编.—上海:上海人民出版社,2023
ISBN 978-7-208-18531-9

Ⅰ.①中⋯　Ⅱ.①汪⋯②彭⋯　Ⅲ.①法学教育-研
究-中国　Ⅳ.①D92-4

中国国家版本馆 CIP 数据核字(2023)第 173032 号

责任编辑　冯　静　宋　晔
封面设计　一本好书

中国式现代化与法学教育发展

汪后继　彭诚信　主编

出　　版　上海人民出版社
　　　　　(201101　上海市闵行区号景路 159 弄 C 座)
发　　行　上海人民出版社发行中心
印　　刷　上海商务联西印刷有限公司
开　　本　720×1000　1/16
印　　张　16
插　　页　2
字　　数　240,000
版　　次　2023 年 11 月第 1 版
印　　次　2023 年 11 月第 1 次印刷
ISBN 978-7-208-18531-9/D·4195
定　　价　75.00 元